Rudolf Herz

Ich war OibE »Kern«

Das Buch

Vor einem halben Jahrhundert wurde die demokratisch gewählte Regierung von Chile weggeputscht: von den Militärs, die das vollzogen, was die USA wünschten. Rudolf Herz war damals als Offizier im besonderen Einsatz der Auslandsaufklärung der DDR in Chile und rettete mit anderen Helfern Menschen vor Terror und Mord. Als einer der letzten lebenden Augenzeugen berichtet er.

Der Autor

Rudolf Herz, geboren 1935 als Bergmannssohn, wurde Bergmann, dann Mitarbeiter des MfS. Seit Mitte der 60er Jahre war er als OibE im DDR-Außenhandel in Lateinamerika unterwegs. Zweimal davon, 1973 bis 1975 und von 1978 bis 1983, wurde er in Chile eingesetzt.

Rudolf Herz

Ich war OibE »Kern« in Chile

Erinnerungen an den Putsch 1973

Ich danke meiner lieben und tapferen Frau Margot sowie unseren Kindern Elke und Rainer, die in einer wichtigen Lebensphase auf ihre Eltern verzichten mussten.

Rudolf Herz

ISBN 978-3-89793-373-6

Satz: edition ost
Fotos: Archiv Rudolf Herz; Robert Allertz S. 211, 237
Titel: Unter Verwendung eines Fotos von Robert Allertz: Studentenproteste in Santiago de Chile am 22. September 2011
Druck und Bindung: Sowa Druk, Polen
18,00 Euro

Die Bücher des verlags am park und der edition ost werden von der Eulenspiegel Verlagsgruppe vertrieben

www.eulenspiegel.com

Inhalt

Deutsch-Deutsches nach dem Putsch in Chile

Bei den Präsidentschaftswahlen im September 1970 errang mit Salvador Allende erstmals in der Geschichte Lateinamerikas ein Sozialist das höchste Amt im Staate. In seinem Wahlprogramm hatte er revolutionäre Veränderungen bei der politischen, wirtschaftlichen und sozialen Struktur des Landes versprochen.

Salvador Allende war der Kandidat der UP (*Unidad Popular*). Das war ein breites Bündnis linker Parteien und Organisationen, dem die Sozialistische Partei, die Kommunisten, die Radikale Partei sowie die von der Christdemokratischen Partei abgespaltenen Linksparteien MAPU (*Movimiento de Accion Unitaria*), MAPU-OC (*MAPU Obrero Campesino, auch MOC*) und IC (*Izquierda Cristiana, Christliche Linke*) angehörten. Das Regierungsprogramm der Unidad Popular sah neben anderem die Verstaatlichung der Kupferbergwerke vor. Diese wurden seit Jahrzehnten von US-Konzernen ausgebeutet, ohne dass Chile davon etwas hatte. Obgleich formell der zweitgrößte Kupferproduzent der Welt, gehörte das Land dennoch zu den ärmsten der Erde.

Auch die Grundstoffindustrie und die großen Banken sollten in Staatseigentum übergehen und damit in den Dienst einer Wirtschaftspolitik gestellt werden, die ausschließlich den sozialen Bedürfnissen des chilenischen

Volkes diente. Durch Beschleunigung der bereits von der Vorgängerregierung beschlossenen Agrarreform sollte Zehntausenden landlosen Bauern ein Stück Ackerboden gegeben werden, um die grassierende Armut zu beseitigen.

Im In- und Ausland fand das »Sofortprogramm« der Allende-Regierung, das unter anderem die kostenlose Vergabe je eines halben Liters Milch pro Tag an Kinder unter 15 Jahren vorsah, große Sympathie. Damit sollte ein erster wichtiger Schritt gegen die hohe Kindersterblichkeit getan werden. Zu den Plänen der neuen Regierung gehörten ferner die Forcierung des Wohnungsbaus zur Beseitigung der Obdachlosigkeit sowie Maßnahmen zur Überwindung des Analphabetentums.

Präsident Allende betonte in seinen Reden immer wieder, dass diese Maßnahmen nichts mit »Sozialismus« zu tun hätten und auch darum vorbehaltlos von allen Schichten des chilenischen Volkes getragen werden könnten, also auch von jenen, denen allein der Begriff »Sozialismus« den Angstschweiß auf die Stirn trieb. Allende schloss allerdings eine sozialistische Entwicklung nicht aus, sofern die Unidad Popular bei freien und demokratischen Wahlen eine Mehrheit für eine sozialistische Orientierung erhalten würde.

Dieses Regierungsprogramm fand nicht zuletzt auch in der DDR große Zustimmung. Presse, Fernsehen und Rundfunk informierten ausführlich über den Sieg Allendes und die Maßnahmen seiner Regierung. Chilenen wurden in die DDR eingeladen, um über den Wahlsieg Allendes und der UP und die daraus erwachsenden Hoffnungen großer Teile des chilenischen Volkes zu berichten und die Pläne der neuen Regierung zu erläutern. Chilenische Folklore-Gruppen machten das Liedgut des Andenlandes in der DDR bekannt, weitere Werke des chilenischen Volksdichters und späteren Nobelpreisträgers Pablo Neruda wurden in deutscher Sprache veröffentlicht. Nerudas Popularität verband sich in der DDR untrennbar mit dem Chile Allendes.

Für das Streben der DDR nach internationaler Anerkennung bedeutete der Wahlsieg der chilenischen Unidad Popular insofern ein Glücksfall, als es sich bei den Parteien der Unidad Popular um jene Kräfte handelte, die schon seit längerem für die diplomatische Anerkennung der DDR eintraten. Im Regierungsprogramm wurde eine unabhängige Außenpolitik angekündigt, zu der auch die Aufnahme diplomatischer Beziehungen zu Kuba, zur Volksrepublik China und zur DDR gehörte. Das eröffnete für die DDR die Chance, erstmals auf dem Subkontinent als Staat präsent zu sein. Nach Kuba in der Karibik würde man mit einem weiteren lateinamerikanischen Land diplomatische Beziehungen aufzunehmen.

Bereits die offizielle Einladung einer Regierungsdelegation zur Amtseinführung von Präsident Salvador Allende am 4. November 1970 stellte de facto eine Anerkennung der DDR dar. Die Abordnung wurde von Otto Gotsche, dem Sekretär des Staatsratsvorsitzenden Walter Ulbricht, geleitet. Ulbrichts engster Mitarbeiter hoffte natürlich, aus Santiago eine Vereinbarung über den Austausch von Botschaften mit nach

Berlin mitzubringen. Bei seinem Gespräch mit dem neuen Außenminister Clodomiro Almeyda zeigte die chilenische Regierung allerdings Zurückhaltung, was Gotsche überraschte. Almeyda erklärte den Grund: Der Wahlsieg Allendes und die im Regierungsprogramm angekündigte Verstaatlichung der Kupferminen und der Banken hätten in den USA große Aufregung ausgelöst, man rechne daher mit politischen, ökonomischen und auch militärischen Störmanövern. Die beabsichtigte Aufnahme diplomatischer Beziehungen zu Kuba und zur Volksrepublik China werde die USA und ihre Verbündeten verärgern und zu einer erheblichen Abkühlung der Beziehungen führen. Deshalb könne man sich nicht auch noch die Bundesrepublik Deutschland zum Gegner machen. Bonn habe bekanntlich wiederholt gegen die Absicht Santiagos protestiert, die DDR anzuerkennen. Formal hatte die seit dem Vorjahr in Bonn herrschende Barndt/Scheel-Regierung die Hallstein-Doktrin gekippt, aber keineswegs den Alleinvertretungsanspruch aufgegeben. Darum bat die chilenische Regierung um Verständnis dafür, wenn die Aufnahme diplomatischer Beziehungen nicht sofort erfolgen werde, sondern erst in einigen Monaten, wenn sich die Welt an ein Chile unter dem Sozialisten Allende gewöhnt habe.

Almeyda ließ jedoch keinen Zweifel aufkommen, dass die Aufnahme diplomatischer Beziehungen zur DDR beschlossene Sache sei. Chile erwarte sich davon eine Belebung der Wirtschafts- und Handelsbeziehungen. Die Zeit bis zur Eröffnung von Botschaften in Berlin und Santiago solle genutzt werden, um Vorschläge auszuarbeiten, auf welchen Gebieten die Zusammenarbeit entwickelt werden könnte.

Zu Beginn des Jahres 1971 signalisierte die chilenische Regierung, dass sie nunmehr zur Unterzeichnung der entsprechenden Vereinbarung bereit sei und schlug vor, dafür die bevorstehende Frühjahrsmesse in Leipzig zu nutzen. Diese würde von einer offiziellen Regierungsdelegation Chiles besucht werden.

Mit der Ankündigung machte Santiago deutlich, dass die Aufnahme diplomatischer Beziehungen mit Fragen der Wirtschaftsbeziehungen verknüpft war. Die chilenische Delegation wurde von Vizeaußenminister Alcides Leal geleitet; ihr gehörten vor allem Wirtschaftsexperten der Allende-Regierung an.

Die Unterzeichnung des Vertrages über die Herstellung diplomatischer Beziehungen auf der Ebene von Botschaften erfolgte in den letzten Märztagen 1971 im Ministerium für Auswärtige Angelegenheiten der DDR. Allende ernannte Senator Carlos Contreras zum Botschafter. Der ehemalige KP-Generalsekretär war eine in ganz Chile geachtete Persönlichkeit.

Die DDR erhob den seit einigen Jahren als Leiter der DDR-Handelsvertretung in Santiago tätigen Mitarbeiter des MfAA, Harry Spindler, in den Rang eines Botschafters und entsandte weitere Mitarbeiter nach Chile. Dabei handelte es sich vorwiegend um junge Kader, die zum ersten Male auf dem diplomatischen Parkett tätig wurden.

Für Chile besaß die völkerrechtliche Anerkennung der DDR politische Brisanz. Wie im Diplomatischen

Corps in Santiago bekannt wurde, hatte Bonn versucht, die Reise der chilenischen Regierungsdelegation in die DDR noch in letzter Minute zu verhindern. Die Intervention begründete man mit eigenen Verhandlungen mit der DDR, die angeblich unmittelbar bevorstünden. Diese könnten durch den Vorstoß der Chilenen angeblich gestört werden. (Allerdings war kaum zu vermitteln, dass die von Brandt und Scheel eingeleitete neue Bonner Ostpolitik die Gespräche Chiles mit der DDR tangieren würden.)

Für die DDR bedeutete der Austausch von Botschaftern einen wichtigen Schritt auf dem Wege zur internationalen Anerkennung als souveräner und unabhängiger Staat. Es war ein außenpolitischer Erfolg, der von der DDR durchaus auch als Akt der Freundschaft und Solidarität verstanden wurde. Sie wurde in der Folgezeit von der DDR zurückgegeben. Insofern besaßen die Beziehungen zwischen beiden Ländern und Völkern von Anfang an besonderen Charakter.

Die Entwicklung der vielfältigen Beziehungen wurde von einer ausführlichen Berichterstattung in den Medien begleitet. Das Volk der DDR nahm lebhaft Anteil an den gesellschaftlichen Veränderungen in Chile und begleitete diese mit Sympathie und tätiger Solidarität. Die größte Massenorganisation, der Freie Deutsche Gewerkschaftsbund (FDGB), das Solidaritätskomitee und andere Organisationen sammelten Spenden für Chile. Die Freie Deutsche Jugend (FDJ) organisierte Kulturveranstaltungen mit chilenischen Künstlern. All das trug dazu bei, dass Chile im öffentlichen Bewusstsein der DDR-Bevölkerung einen herausragenden Platz gewann.

Die Welle der Verbundenheit und Solidarität nahm noch zu, als Ende 1972 Nachrichten über organisierte Aktionen gegen die Allende-Regierung um die Welt gingen. Transportunternehmen verweigerten die Beförderung von Lebensmitteln, und Händler horteten sie, so dass sich die Versorgungslage in Chile dramatisch verschlechterte. Dafür machte die gegnerische Propaganda die Regierung der Unidad Popular verantwortlich, obgleich gerade die Reaktion ursächlich dafür verantwortlich war. Sie wollte auf diese Weise die Allende-Regierung aus der Moneda treiben .

Die DDR schickte im Sommer 1973 drei Frachter mit Lebensmitteln und Hilfsgütern, die mit Spenden finanziert worden waren. Bereits im Januar 1973 hatte die MS »Freiligrath« Medizintechnik, Medikamente und Impfstoffe sowie Schulmaterial und Technik zur Brand- und Hochwasserbekämpfung im Wert von acht Millionen Mark nach Chile gebracht. Während der X. Weltfestspiele der Jugend und Studenten in Berlin verabschiedeten Gladys Marin – Generalsekretärin des Kommunistischen Jugendverbandes und Mitglied der Politischen Kommission des ZK der KP Chiles – und Botschafter Carlos Contreras Labarca in Rostock die DDR-Frachter »J. G. Fichte« und »Radeberg« verabschiedet, es folgten wenig später die MS »Fontane« mit dreitausend Tonnen Lebensmitteln an Bord.

DDR-Botschafter Friedel Trappen informierte auf einer Pressekonferenz Ende August 1973 in Santiago, dass die drei DDR-Schiffe in den nächsten Tagen in Valparaiso und San Antonio eintreffen und gelöscht werden würden.

Die feierliche Übergabe in der ersten Septemberwoche war nicht nur einer der schönsten Höhepunkte in den Beziehungen zwischen der DDR und Chile. Es war auch der letzte offzielle Akt zwischen beiden Staaten. Am 11. September 1973 putschte das chilenische Militär unter General Pinochet und stürzte die Regierung der Unidad Popular. Präsident Allende verlor bei den Kämpfen im Regierungspalast sein Leben.

Das war das Ende des revolutionären Prozesses, der mit dem Amtsantritt Allendes Ende 1970 begonnen und wichtige Veränderungen in der ökonomischen und sozialen Struktur des Landes vollzogen hatte. Der Putsch – der erste in der Geschichte Chiles übrigens – war von einheimischen Militärs und der US-Regierung gemeinsam vorbereitet und von der Führung der Christdemokratischen Partei Chiles aktiv unterstützt worden. Die nunmehr installierte Militärdiktatur sollte sechzehn Jahre dauern. In dieser Zeit wurden nahezu alle Veränderungen rückgängig gemacht, die die Allende-Regierung durchgesetzt hatte.

Die sozialistischen Staaten – China und Rumänien ausgenommen – brachen die diplomatischen Beziehungen zu Chile ab. Dr. Friedel Trappen – erst wenige Wochen zuvor als Botschafter der DDR akkreditiert – übergab im chilenischen Außenministerium am 24. September 1973 eine entsprechende Note. Im Verlaufe der folgenden zwei Wochen verließen fast alle DDR-Diplo-

Der chilenische Diplomatenpass vom Offizier im besonderen Einsatz (OibE) der Auslandsaufklarung der DDR mit dem Decknamen »Kern« alias Rudolf Herz

maten sowie die meisten Angestellten der Botschaft mit ihren Familienangehörigen das Land. In Santiago verblieb lediglich eine kleine Gruppe von Mitarbeitern.

Die Republik Finnland, in Santiago mit einem Geschäftsträger vertreten, übernahm auf Bitte der DDR für diese Gruppe die Schutzmachtfunktion.

Schon kurz nach dem Putsch war deutlich geworden, dass die BRD-Botschaft auf Weisung des Auswärtigen Amtes in Bonn jegliche Unterstützung gegenüber Asylsuchenden und gefährdeten Chilenen ablehnte. Die (west-)deutschen Diplomaten befanden sich darin in trauter Gemeinschaft mit den Botschaften der USA und Großbritanniens.

Mich hatte die Nachricht vom Putsch auf einem Qualifizierungslehrgang der Auslandsaufklärung erreicht. Ich befand mich dort, um mich auf eine neue Aufgabe in der Abt. XI (USA, Kanada) der HV A einzuarbeiten. Von 1968 bis 1971 war ich als Offizier im besonderen Einsatz (OibE) mit dem Decknamen »Benz« an unserer Handelsvertretung in Mexiko tätig gewesen. Nun bekam ich überraschend den Auftrag, Carlos Altamirano und weitere hochrangige Funktionäre der Unidad Popular, die sich im Gebäude der DDR-Botschaft aufhielten, außer Landes zu bringen. Ich sollte nach Santiago fliegen und die Ausschleusungsaktion vor Ort leiten. Dazu werde ich später ausführlich berichten.

Die abweisende Haltung der bundesdeutschen Vertretung in jener Zeit wurde in den westdeutschen Medien kritisch berichtet. Die *Frankfurter Rundschau* meldete am 3. Oktober 1973: »Die Tore der westdeutschen Botschaft [...] sind für Asyl suchende Chilenen geschlossen.« Die Illustrierte *Stern* monierte am 24. Oktober 1973 ebenfalls: »Asylsuchende Chilenen und Südamerikaner klopften bei der Bonner Botschaft vergebens an.« Besonderen Unmut erregte die Tatsache, dass die Botschaft der Ehefrau des deutschstämmigen Anwalts Erich Schnake, eines namhaften Funktionärs der Sozialistischen Partei (SP), der sich in den Fängen der putschenden Militärs befand, jegliche Hilfe und Unterstützung verweigert wurde.

Auch der Sozialist Patricio Palma, zuletzt Direktor im Wirtschaftsministerium, war von der westdeutschen Botschaft abgewiesen worden. Diese Verweigerung stieß insbesondere bei europäischen Diplomaten auf Unverständnis und Empörung.

Beim ersten Zusammentreffen des in Chile verbliebenen Diplomatischen Corps nach dem Putsch, zu dem der Botschafter von Honduras anlässlich des Nationalfeiertages am 15. September geladen hatte, wurde der Botschafter der BRD, Kurt R. Lüdde-Neurath, von mehreren Diplomaten gefragt, wie er sich fühle, wenn er Bedürftigen Hilfe versage.

Er sehe seine Rolle darin, sich nicht in die inneren Angelegenheiten Chiles einzumischen, erklärte er. Er habe in jeder Situation vorrangig die Interessen *seines* Landes und *seiner* Landsleute zu vertreten. Lüdde-Neurath war erst seit wenigen Wochen Botschafter in Santiago de Chile, zuvor hatte er in Neuseeland (seit 1968) und in Uruguay (ab 1970) die Interessen der Bundesrepublik vertreten. Laut den Akten des Auswärtigen Amtes baten in jenen Septembertagen fast 100 Menschen in der BRD-Botschaft um Asyl. Doch die deutschen Diplomaten wiesen sie ab und schickten sie zu lateinamerikanischen Botschaften weiter.

Westdeutsche Journalisten fragen den Botschafter nach der Begründung, warum er sich so hart zeige, und suchten in der Vergangenheit des einstigen Nazidiplomaten nach Antworten. Das Auswärtige Amt stellt sich schützend vor Lüdde-Neurath; es gebe keine Beweise für eine im »Braunbuch«, das die DDR veröffentlicht hatte, behauptete Verstrickung Lüdde-Neuraths mit dem Nazisystem. »Seine Mitgliedschaft in SA und NSDAP, die dem Auswärtigen Amt stets bekannt war,

war rein nomineller Natur. Er ist nie aktiv hervorgetreten.«

Die Wochenzeitschrift *Die Zeit* widersprach dieser Darstellung am 7. Dezember 2013, also vierzig Jahre später: »Beides entpuppt sich mit heutiger Einsicht in seine SA-Akte im Bundesarchiv als falsch. Lüdde-Neurath war kein ›nominelles‹ Mitglied: Im September 1939 wurde er vom Rottenführer zum Sturmführer bei der SA-Reiterstandarte befördert. Vergleichbar ist dies mit einem militärischen Karrieresprung vom Obergefreiten zum Leutnant. Auch als Botschaftsangehöriger in Tokio blieb Lüdde-Neurath aktiv.«

Allerdings handelte Lüdde-Neurath 1973 in Chile keineswegs eigenmächtig, sondern auf Weisung des Auswärtigen Amtes in Bonn. Der Lateinamerika-Referatsleiter im AA wies am 4. Oktober unmissverständlich an: »Botschaft wird gebeten, entsprechend den bisherigen Weisungen kein Asyl zu gewähren und eine einstweilige Zuflucht nur in den Fällen, in denen eine unmittelbare Lebensgefahr besteht. Diese Haltung entspricht auch dem Ergebnis der politischen Konsultation mit den EG-Partnern in New York.« Chilenische Politiker dürften nur aufgenommen werden, wenn sie in Lebensgefahr seien.

Parallel zu dieser Anweisung warnte ein Mitarbeiter des Auswärtigen Amtes Bundesinnenminister Hans-Dietrich Genscher (FDP) vor Infiltration der Bundesrepublik: »Gegen eine pauschale Aufnahme eines größeren Personenkreises spricht, dass sich unter den in Chile politisch verfolgten Personen, insbesondere unter denen aus anderen lateinamerikanischen Ländern, eine größere Anzahl befindet, denen in ihren Heimatländern Guerillatätigkeit, politische Entführungen und andere gewaltsame Handlungen vorgeworfen werden.«

Am 13. Oktober 1973 – augenscheinlich war der Druck vor Ort zu groß geworden – wandte sich Lüdde-Neurath mit einem dringenden Appell an das Auswärtige Amt, endlich Verfolgte aufnehmen zu dürfen. »Verzögerungen bedeuten daher in zahlreichen Fällen einen unnötig verlängerten Aufenthalt im Lager. Ich bitte um Weisung.«

Diese blieb aus …

Am 10. Dezember 1973 verfügt das Pinochet-Regime: Niemand mehr, der ab jetzt in eine Botschaft flüchtet, erhält freies Geleit.

In der Zwischenzeit jedoch hatte sich ein kleines Fenster in der westdeutschen Botschaft geöffnet. Aufgrund des wachsenden internationalen Drucks gestatteten Anfang November 1973 Kanzler Willy Brandt und Außenminister Walter Scheel ihrem Botschafter, gefährdete Personen aufzunehmen. Bonn übersandte eine Liste. Oben standen die Namen Carlos Altamirano und Jose Miguel Varas, für den sich die internationale Journalistenvereinigung einsetzte.

J. M. Varas, ein Kommunist, war Chef von *Radio Magellanes*, der Rundfunkstation der KP Chiles. Er befand sich im Gebäude unserer Botschaft, die offiziell – nach dem Abbruch der diplomatischen Beziehungen – keine mehr war. Im Steckbrief der Militärjunta, dem Bando No. 10, war er ebenfalls aufgeführt. Außerdem befand sich noch Vladimir Chávez, der Ex-Gouverneur, in der DDR-Vertretung.

Wie sie und andere Untergetauchte aus der Vertretung und aus Chile herausgebracht werden sollten, war uns noch unklar.

Wir nahmen im November 1973 – nach Brandts und Scheels Intervention – Kontakt zu Botschafter Lüdde-Neurath auf und schlugen ihm vor, José Miguel Varas zu übernehmen. Lüdde-Neurath sagte zu. Es handelte sich offenkundig um den ersten Asylsuchenden, den die BRD-Botschaft aufnahm.

Varas' Überführung aus der DDR-Vertretung in die Residenz der BRD erfolgte beim Schichtwechsel der Polizeiwache vor unserem Hause. In der hohen Gartenmauer der westdeutschen Vertretung gab es eine kleine, unauffällige Nebentür, die zur Straße führte. Zum vereinbarten Zeitpunkt sollte sie geöffnet werden.

Ein Botschaftsmitarbeiter verließ mit Varas die DDR-Botschaft durch das geöffnete Haupttor in einem Pkw. Draußen folgte ein zweites Fahrzeug von uns unauffällig, aber in Sichtweite und sicherte. An einer Straßenecke in der Nähe der Residenz der BRD wurde Varas abgesetzt. Er ging das letzte Stück zur Gartentür allein. Dort erwartete ihn bereits der Botschafter.

Auf gleiche Weise wurde auch Vladimir Chávez in die Residenz des westdeutschen Botschafters geschleust.

Um ausreisen zu können, musste mindestens eine Landesregierung in der Bundesrepublik ihre Bereitschaft erklären, die betreffende chilenische Familie aufzunehmen. Es vergingen acht Monate, ehe Schleswig-Holstein signalisierte, der Familie Chávez Asyl zu gewähren. Wie uns bekannt wurde, entsandte das Bundesamt für Verfassungsschutz Oberamtsrat Klaus Arend mit der Aufgabe nach Chile, die Asylsuchenden zu überprüfen und den Botschafter und andere Diplomaten zu beraten. Offenkundig scheiterten an dieser Überprüfung selbst der Außenminister Clodomiro Almeyda. Ein Vierteljahrhundert nach dem Putsch verriet John Götz in der *taz* vom 12./13. September 1998, dass Clodomiro Almeyda und fünf weiteren chilenischen Ministern von der Landesregierung Baden-Württembergs unter Ministerpräsident Hans Filbinger, dem einstigen Nazimarinerichter, explizit das Asyl verweigert worden war …

Gewiss stellt sich hier vielleicht die Frage, wieso wir vergleichsweise leicht Kontakt zur BRD-Botschaft herstellen konnten. Das lag an einem Hund. Und die Geschichte geht so: Vor die DDR-Botschaft zogen nach dem Putsch Truppen der Gebirgsartillerie auf. Ihr Maskottchen war ein weißer Mischlingshund. Dieser lag meist am Tor auf dem Rasen neben einem nicht ganz dichten Rasensprenger, der ihm stets frisches Wasser bot. Eines Tages gesellte sich ein schwarzer Hund zu ihm. Es handelte sich um den Vierbeiner des BRD-Botschafters, was dieser bei einer Begegnung auf diplomatischen Parkett einem DDR-Vertreter wissen ließ. Lüdde-Neuraths Residenz befand sich ein paar Straßen weiter. Ihr kleiner schwarzer Hund sei ihnen vor einigen Tagen entlaufen, sagte Lüdde-Neurath, er habe ihn aber bei den Soldaten am Tor der DDR-Botschaft gesehen. Für ihn sei es nicht gut möglich, dort anzuhalten und den Hund mitzunehmen. Ob die Kollegen aus der DDR ihn nicht einfangen und in seine Residenz bringen könnten …?

Man kam überein, das Tier am folgenden Tag gegen 11 Uhr vorbeizubringen.

Am anderen Tag erfolgte die Abstimmung mit den Soldaten vorm Hause. Diese fingen den Hund ein und übergaben ihn an zwei DDR-Mitarbeiter. Im Wagen wurde das Tier vor die westdeutsche Residenz gefahren und durch das schmiedeeisernen Gitter geschoben. Im Hintergrund hörte man die lockende Stimme der Frau des Botschafters. Der Hund lief stracks zu seinem gewohnten Futternapf.

Die Aktion »Hund« war erfolgreich verlaufen.

Am anderen Morgen war der Botschaftshund wieder bei uns. Was nun?

Er wurde erneut auf die bekannte Weise »abgeschoben«. Und prompt kehrte er zurück.

Das wiederholte sich einige Male. Es machte bald ein Witz bei uns die Runde: »Selbst so ein armer Hund hält es in der BRD-Botschaft nicht aus.«

Westdeutsche Politiker und Wirtschaftsbosse sahen die reaktionäre Entwicklung in Chile durchaus positiv. Die *Frankfurter Allgemeine Zeitung* forderte am Freitag, dem 21. September 1973: »In Chile jetzt investieren!« Die *Neue Westfälische Zeitung* befand: »Putsch in Chile ist für Banken positiv. In Südamerika kann wieder investiert werden.« Die Farbwerke Hoechst waren »der Ansicht, dass das Vorgehen der Militärs und der Polizei

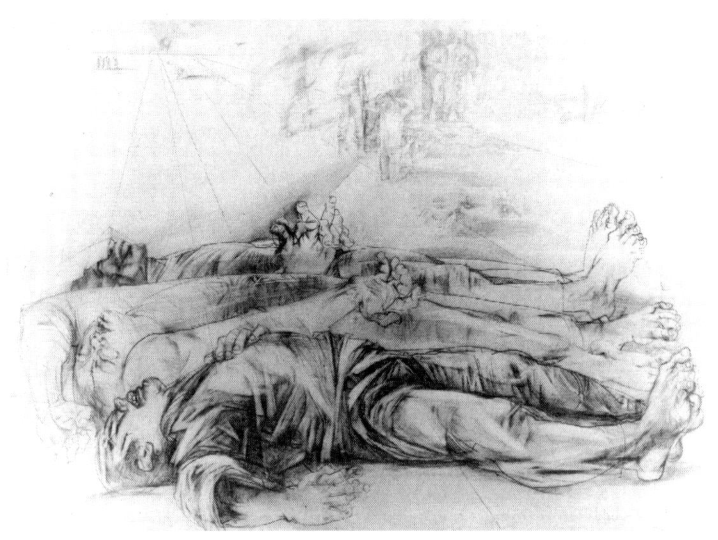

Aus dem Zyklus »In Chile herrscht Ruhe« von Walter Womacka

nicht intelligenter hätte geplant und koordiniert werden können«. Es habe sich um eine Aktion gehandelt, die bis ins letzte Detail vorbereitet war und glänzend ausgeführt wurde. »Die Regierung Allende hat das Ende gefunden, das sie verdiente [...]. Chile wird in Zukunft ein für Hoechster Produkte zunehmend interessanter Markt sein.« *Der Spiegel* urteilte am 8. Oktober 1973 zutreffend: »Auf Hilfe aus Bonn müssen die chilenischen Generale [...] nicht verzichten.«

Zwar verurteilte die sozialliberale Regierungskoalition mit scharfen Worten den Umsturz und forderte die Militärs auf, zur Demokratie zurückzukehren. Dennoch suchten deutsche Sozial- und Freidemokraten Kontakt zum Diktator. FDP-Chef und Außenminister Walter Scheel nahm nach anderthalb Wochen »Denkpause« offiziell Beziehungen zum neuen Regime auf. SPD-Vorstandsmitglied Hans-Jürgen Wischnewski reiste noch im September 1973 eine Woche durch Chile und umarmte beim Abschied seinen von der Junta gestellten offiziellen Begleiter. »Ben Wisch« war bei dieser anrüchigen Reise vom MdB/SPD Alwin Brück begleitet worden. Darüber berichtete die *Süddeutsche Zeitung* am 29./30. September 1973: »Besondere Sorge haben die Generale mit der Reaktion, die ihr blutiger Putsch im Ausland weckte. Mit vollendeter Zuvorkommenheit wurden deshalb die SPD-Abgeordneten Hans-Jürgen Wischnewski und Alwin Brück herumgereicht. Die beiden sind die ersten ausländischen Parlamentarier, die nach dem Putsch in Santiago eingetroffen sind.«

Kurt R. Lüdde-Neurath absolvierte als einer der ersten Botschafter am 21. September einen offiziellen Besuch bei der Militärjunta. Am 29. Oktober überreichte er der chilenischen Armee eine als »Spende von Medikamenten und medizinischen Geräten« deklarierte Schenkung im Werte von 30.000 DM. Laut Bericht der Zeitung *La Patria* vom 30. Oktober 1973 bezeichnete der Bonner Vertreter das Präsent als »Beitrag« der »freundschaftlichen Beziehungen« zwischen der Bundesrepublik und Chile.

Der Generalsekretär der CDU, Bruno Heck, meinte nach seinem Chilebesuch über das Nationalstadion in Santiago, in dem Anhänger der UP gefoltert und ermordet wurden: »Das Leben im Stadion bei sonnigem Frühlingswetter ist recht angenehm.«

Oder Jürgen Wohlrabe, Leiter einer Delegation von CDU-Bundestagsabgeordneten im Januar 1974, erklärte laut *Süddeutscher Zeitung*, dass er positive Eindrücke von der Häftlingsinsel Dawson habe und die Gefangenen in humanitärer Hinsicht keine Klagen gehabt hätten.

Der CDU-Politiker Heinrich Gewandt, einer der schärfsten Kritiker der deutschen Entwicklungshilfe für Allende, reiste unmittelbar nach dem Putsch nach Chile und verhandelte persönlich mit Pinochet, um »Investitionsmöglichkeiten für die Deutsche Bank« zu erkunden. Er stellte dabei fest, dass er »Vertrauen in die Aktionen der neuen chilenischen Regierung« habe.

Heinrich Gewandt hatte bereits 1964 mit dem der Konrad-Adenauer-Stiftung der CDU nachgeordneten »Institut für Internationale Solidarität« und dem »Büro für Internationale Hilfe« Kräften des rechten Flügels der chilenischen Christdemokratischen Partei (PDC) durch Transaktionen von Geldern und durch Schulung von Funktionären Unterstützung gewährt. Diese Kräfte in Chile verweigerten Allende und der Unidad Popular jegliche Zusammenarbeit. Es gibt überdies Informationen, denen zufolge am 9. oder 10. September 1971 eine Beratung chilenischer Militärs mit ausgewählten Funktionären der chilenischen Christdemokraten stattgefunden habe, bei der ein Sturz Allendes abgestimmt worden sein soll. Angeblich habe Gewandts Erklärung vor dem Ibero-Klub in Bonn, Chile sei nun wieder kreditwürdig, die CDU veranlasst, ihn nach achtzehn Jahren im Bundestag 1976 nicht wieder für die Bundestagwahl zu nominieren. Der Grund war vermutlich ein anderer: Gewandt war wegen Steuerhinterziehung und Bestechung ins Visier der Staatsanwaltschaft geraten …

So war die Klassenkampflage, als ich mit meinem Auftrag in Chile eintraf.

Wie war mein Leben bislang verlaufen? Was lag davor, ehe ich im Herbst 1973 von der DDR in konspirativer Mission nach Chile geschickt worden war?

Kindheit in Annarode

In der Mitte des Wonnemonats Mai 1935 kam ich in Annarode, heute ein Ortsteil von Mansfeld, zur Welt. Im Sternzeichen des Stier. Denen wird nachgesagt, dass sie überwiegend starke charakterliche und auch musische Veranlagungen besäßen, rational abwägend seien und zuverlässig und treu zu getroffenen Entscheidungen, Partnern und Freunden stünden.

Ich glaube, ich bin ein echter Stier.

Allerdings nehme ich an, dass das auf alle Menschen mehr oder weniger zutrifft. Ich glaube nicht an Horoskope und solchen astrologischen Zinnober, doch ich muss gestehen, dass manche Voraussagen durchaus zutrafen. Auf alle Fälle hatte ich zu meinen Geburtstagen immer hübsche Frühlingsblumen. Es waren inzwischen sehr viele Geburtstage, auch einige runde, so habe ich die meisten längst vergessen.

Mein tabellarischer Lebenslauf passt auf eine halbe Seite. Daran erkennt man, was den Wert eines Menschen überhaupt ausmacht. Deshalb sollte sich keiner für so wichtig halten und seine Biografie auf mehrere Seiten ausdehnen. Jeder Mensch ist zwar ein Unikat, aber nur eines unter Milliarden von Unikaten. Unsere Spuren werden von den Winden der Zeit bald verweht sein. Die meisten Erdenbürger hinterlassen gar keine. Trotzdem möchte ich einige wichtige Abschnitte, die mein Leben und mich geprägt haben, noch einmal betrachten und kurz darstellen.

Die ersten Jahre meiner Kindheit waren geprägt von falscher Begeisterung für Deutschlands Größenwahn und von einem abenteuerlichen Leben in einem kleinen Dorf am Ostharz im Mansfelder Land. Die Schulzeit wurde begleitet von Bombenalarmen und von Schlägen mit Haselnussstöcken eines berüchtigten Lehrers. Der Unterricht erfolgte mit vier Klassen in einem Raum. Ich erinnere mich an viele junge Burschen, die begeistert Soldat wurden und deren Namen auf der großen Gedenktafel auf dem Dorffriedhof stehen.

Mit mageren Grundkenntnissen ausgestattet trat ich eine Lehre als Schlosser an. Wie schon mein Vater arbeitete ich *auf dem Schacht*, d. h. als Schlosser untertage. Dort lernte ich mein Handwerk erst richtig. Aber auch Selbstvertrauen, Umsicht und Kameradschaft in nicht ungefährlicher Umgebung.

Aus irgendeinem Grunde delegierte man mich in den frühen fünfziger Jahren zum Studium. Das war aber für mich und meine spärlichen Grundschulkenntnisse eine Nummer zu groß. Nach dem ersten Jahr hatte ich die erforderlichen Leistungen nicht gebracht. Ich war darum nicht böse und freute mich wieder auf meine gut bezahlte Arbeit in der Grube und träumte von einem Motorrad. Dazu kam es aber nicht. Man überredete mich, das Jahr zu wiederholen. So wurde ich Bergmaschineningenieur. Als solcher bekam ich eine Stelle im Harzer Eisenerzbergbau und zog in den Harz nach Blankenburg, später nach Wernigerode.

Mit meinem Motorroller verabschiedete ich mich aus meiner Mansfelder Heimat. Den Anblick meiner weinenden Mutter werde ich nie vergessen, auch nicht dass sie mir widersprach: »Junge, du kommst nicht wieder zurück!« Damit behielt sie Recht.

Mich reizte die neue Herausforderung, die Fremde, aber auch eine vielversprechende Zukunft im Harz. Das erwies sich als naive Illusion. Die Fremde war abweisend und kalt, das ist sie wohl immer, wenn man den wärmenden Schoß der Familie verlässt. Zu meiner Unerfahrenheit gesellte sich allerdings Trotz, allen und mir beweisen zu wollen, dass mich das nicht umhaut. Ich suchte und fand Freunde. Gründete einen Fanfarenzug, brachte mich gesellschaftlich ein und bekam langsam sicheren Boden unter die Füße. Es waren wertvolle Erkenntnisse und Lebenserfahrungen, die ich vorher nicht besaß, die mir aber für das weitere Leben sehr nützlich waren. Das vorprogrammierte Ende des Bergbaus im Harz – seit tausend Jahren war hier nach Bleiglanz, Kupfer, Zink und Silber gegraben worden, nun waren die Gruben erschöpft – veranlasste mich, nach einer neuen Perspektive zu suchen.

Andere Institutionen suchten solche wie mich. Wiederholt klopften Werber des Ministerium für Staatssicherheit (MfS) bei mir an. Irgendwann war ich es müde, ihnen die kalte Schulter zu zeigen. Außerdem lockten sie mich mit Vokabeln, die mir gefielen. Mich erwarte eine Tätigkeit, die Einblick in dunkle und sensible Seiten des gesellschaftlichen Lebens eröffnete, hohe Einsatzbereitschaft, Mut, Entschlossenheit, Verantwortung, Einschätzungsvermögen, Einfallsreichtum vor allem ein fester Klassenstandpunkt seien gefragt. Ich würde sehr viele Chancen erhalten, dies alles und mich selbst zu beweisen. – Am 1. September 1959 bekam ich meinen Dienstausweis.

Meine erste Aufgabe war die Absicherung der Übergabe der Rappbodetalsperre am 3. Oktober 1959, zum zehnten Geburtstag der DDR. Die Staumauer ist mit über hundert Metern noch immer die höchste in Deutschland und wurde 2022 als »Historisches Wahrzeichen der Ingenieurbaukunst in Deutschland« ausgewiesen. Ingenieurbaukunst! Das hat die DDR in sieben Jahren geschaffen. Ich bin damals in jedes Loch gekrochen, bis ganz unten in diesen 860.000 Kubikmeter Beton …

Erster Einsatz von Rudolf Herz beim MfS: Absicherung der Übergabe der Rappbodetalsperre am 3. Oktober 1959; DDR-Postkarte des höchsten deutschen Staudammes

Als ich Kind war, war Krieg. Wir lebten im Hause meiner Großeltern in Annarode in einer Stube und einer kleinen Küche unterm Dach: meine Eltern, meine Schwester Irene und ich. Die Einschränkungen und den Mangel spürten auch wir Kinder. Wir gingen Ährenlesen und Kartoffeln stoppeln, sammelten Heilkräuter und Eicheln. Wir hörten aufmerksam zu, wenn Oma an den Winterabenden vor dem knisternden und flackernden Ofenfeuer Geschichten und Episoden aus ihrem Leben erzählte. Opa ließ auf seinen Kaiser nichts kommen und sympathisierte auch mit den Nazis, bis sein Sohn, mein Onkel, der Musiker war, in Stalingrad fiel. Trotzdem verfolgte Opa den Verlauf des Krieges weiter. Wobei er immer wieder von seinen Erlebnissen aus dem Ersten Weltkrieg erzählte. Er tat es nicht oft, weil seine Schwiegersöhne, so auch mein Vater, seine Meinung meist nicht teilten. Sie waren Bergleute und schon vor 1933 in Organisationen der Arbeiter aktiv. Mit den Nazis hatte sie nichts am Hut.

Mein Vater war kurzsichtig und darum nicht kriegstauglich. Wahrscheinlich war die eingeschränkte Sehkraft auch daran schuld, dass er zwei schwere Unfälle untertage hatte. Er durfte danach nicht mehr einfahren. Man bildete ihn als Betriebssanitäter aus. Er schloss sich dem Roten Kreuz an und fand im Dorf Mitmacher. Sie trugen Uniformen und übten an den Wochenenden. Weil es keinen Arzt mehr gab, leistete Vater bei Unfällen oder Krankheiten im Dorf Erste Hilfe. Als Gegenleistung bekam er Eier, Speck, Schinken, Wurst, Mehl und dergleichen. Hungern mussten wir daher nicht. Er kam mit vielen Leuten in Kontakt und kannte die Stimmung im Dorfe sehr gut.

Wir Kinder spürten, wie die Zweifel, die Ablehnung des Krieges und die Bereitschaft zur Verweigerung der Gefolgschaft wuchsen. Wir wussten, wer »Feindsender« hörte und die neuesten Nachrichten des Feindes weitergab. Alle hatten Angst und waren auf der Hut insbesondere vor dem Dorfschullehrer, einem fanatischen Nazi. Er war maßgeblich hinterher, dass alle »Wehrfähigen« auch eingezogen wurden.

Aus unserem kleinen Dorf Annarode kamen 65 Männer nicht wieder zurück.

Die Fliegeralarme schreckten uns immer wieder auf, obwohl die Bomberstaffeln über unser Dorf hinwegflogen. Sie flogen Ziele im mitteldeutschen Raum an, klinkten dort ihre Bomben aus und kamen danach zurück. Bei einer solchen Gelegenheit hörte ich zum ersten Mal den Begriff »Spion«. Ich war etwa zehn Jahre alt. Wir wohnten am Ortsrand, dahinter war Acker. Mein Großvater und der Nachbar Müller trafen sich bei Fliegeralarm unter dem großen Nussbaum am Gartenzaun und beobachteten die Flugzeuge über uns.

Damals gab es es sogenannte Milchkontrolleur. So einer kam von Zeit zu Zeit zu den Bauern und begutachtete die Milch und deren Qualität. Dieser Mann, ein Holländer, lebte mit seiner Familie im Nachbarort. Der Kontrolleur war nicht sonderlich groß, aber kernig und zäh, wie man bei uns sagte. Mit seinem großen Rucksack lief er meist barfuß quer über die Felder und Äcker. Bei einem Fliegeralarm im Frühjahr 1945 kam er wieder, wir sahen ihn schon von weitem. Oben am Himmel zogen die Bomberstaffeln, begleitet von ihren Jägern, die sie absicherten. Manchmal attackierten diese im Tiefflug Fahrzeuge und Menschen.

Ob er denn keine Angst habe, getroffen zu werden, erkundigte sich unser Nachbar besorgt bei ihm.

»Herr Müller, da können Sie ganz ruhig sein«, antwortete er lachend mit seinem holländischen Akzent. »Wo ein Spion ist, da fallen keine Bomben.«

Diesen Spruch behielt ich im Gedächtnis. Mir war klar, dass der Holländer nur sich selbst gemeint haben konnte, die Ironie hingegen verstand ich nicht. Allerdings fragte ich meinen Großvater danach nicht. Ich fürchtete, dass ich ihn mit meiner Neugier, was ein Spion sei, vielleicht in Verlegenheit bringen würde.

Als später die amerikanischen Truppen einmarschierten, fuhren sie mit einem großen Fahrzeug zum Haus des »Spions« und »befreiten« die Familie. Als die Amis sich wenig später hinter die in Jalta verabredeten Demarkationslinie zurückzogen, ging der Milchkontrolleur mit. Vielleicht war er wirklich ein Spion?

Von Osten her stieß die Rote Armee über die Oder auf Berlin vor. Vom Westen her näherten sich die Amerikaner dem mitteldeutschen Raum. Im Radio ertönten immer noch Durchhalteparolen und Prophezeiungen über Wunderwaffen und große Wenden zum Endsieg. Die Menschen waren zum Teil desillusioniert, enttäuscht und hatten Angst vor dem Ungewissen, was ihnen nun bevorstand. Die meisten hofften, dass der braune Spuk bald vorbei sei. Zu viel Leid, Entbehrung und Angst hatte der Krieg über die Menschen gebracht.

In den letzten Märztagen rollten schwere Zwillingsschlepper ins Dorf. Sie hatten vorn Räder und hinten Ketten und zogen Flakgeschütze auf sogenannten Protzen. Junge Wehrmachtsoldaten waren dabei, die voller Begeisterung ihrer Feuertaufe, der ersten Begegnung mit dem Feind, also den Amerikanern, entgegenfieberten. Nach einem ausgeklügelten Plan wurden die sogenannten Acht-Achter in Stellung gebracht. Die ursprünglich für die Luftabwehr gedachten Geschütze vom Kaliber 8,8 cm sollten hier zur Abwehr der Panzerspitzen eingesetzt werden.

Die Kanoniere kamen vom Reichsarbeitsdienst (RAD) und waren zwischen 16 und 19 Jahre alt. In einer Kurzausbildung hatte man sie zu Luftwaffenhelfern gemacht. Sie führten die Dienstgrade des RAD und trugen mitunter noch ihre Arbeitsdienstuniformen. Im Volkssturm gehörten sie zum letzten Aufgebot einer wahnwitzigen Militärclique, die sich einbildete, die übermächtigen Streitkräfte der Alliierten auf diese Weise aufhalten zu können. Der Volkssturm, überwiegend alte und militärisch unerfahrene Männer aus dem Dorfe, hatten im Wald, dort, wo rechts die Straße nach Pölsfeld abzweigte, eine Panzersperre errichtet. Sie wurde von den ersten Panzern einfach umfahren. (Später, nach dem Krieg, mussten die Männer, die diese Sperre errichtet hatten, sie auch wieder wegräumen.) Gefährlicher waren die sechs Geschütze, die rund um das Dorf postiert waren. Sie erwarteten die Panzer aus Richtung

Sangerhausen. Aber auch von der Kohlenstraße und der Blankenheimer Straße.

Die Kriegsveteranen wussten, was geschehen würde, sollten die Amerikaner das Geschützfeuer erwidern. Sie versuchten darum die jungen Soldaten von der Nutz- und Sinnlosigkeit ihres Vorhabens zu überzeugen. »Wenn der gewaltige Westwall die Amerikaner nicht aufhalten konnte, könnt ihr das mit euren sechs Kanonen auch nicht!«

»Jeder abgeschossene Panzer ist ein Panzer weniger!«, sagten die grünen Jungs, die sich nicht vorstellen konnten, dass sie mit ihrem Leichtsinn das ganze Dorf in Gefahr brachten. Die Alten predigten nicht nur tauben Ohren. Die Jünglinge drohten mit Standgerichten und ähnlichem.

An den letzten Tagen lagen eine unheimliche Ruhe und Spannung über dem Dorf. Die Straßen waren wie leergefegt und die Gehöfte verschlossen. Alle Verrichtungen wurden leise und möglichst unauffällig erledigt. Die meisten Dörfler warteten in Kellern oder Luftschutzräumen. Nachts kläfften nicht einmal die Hunde. Die Geschützbedienungen waren in ständiger Alarmbereitschaft und sehr nervös. Neben dem Geschütz hatten sie sich Schützenlöcher gegraben, darin hockten sie mit Sturmgewehren, Panzerfäusten und einem leichten Maschinengewehr.

Die Nächte schienen dunkler als normal. So konnte man auch nicht sehen, was sich auf der Straße bewegte. In der Nacht zum 13. April war ein Spähtrupp der Amerikaner mit einem Jeep, der sehr leise lief, unbemerkt in das Dorf eingefahren. Die GIs suchten und bekamen auch Kontakt mit Gutsbesitzer Beyse, dem Kommandeur des Volkssturms, und mit Bürgermeister Böttge. Beide versicherten, dass niemand im Ort bewaffneten Widerstand leisten werde. »Machen Sie sich keine Sorgen, mit denen werden wir schon fertig«, erklärten sie mit Blick auf die jungen Burschen an den Geschützen.

Offensichtlich kamen oder blieben die ersten amerikanischen Soldaten schon in dieser Nacht im Ort und pirschten sich von hinten durch die Gärten und Gebäude an die Stellungen heran. Gegen morgen war ein Geschützführer auf einem Patrouillengang. Am Kirchberg bemerkte er einen amerikanischen Soldaten. Er ließ ihn vorbeiziehen und erschoss ihn von hinten. Der Todesschütze eilte anschließend zu seiner Geschützstellung zurück und wurde vor dem Hoftor aus dem Fenster des Nachbarhauses erschossen. Von wem?

Die amerikanischen Soldaten drangen in das Gehöft ein und befanden sich damit hinter der Geschützstellung. Auf dem Hausboden entfernten sie Dachziegel, dadurch bekamen sie die Flakbedienung im Visier. Weil diese sich nicht bereit zeigte, die Waffen zu strecken, eröffneten die GIs das Feuer. Vier Jungs starben, die anderen ergaben sich.

Der Kommandeur der obskuren Geschützeinheit, ein RAD-Feldmeister, hatte seinen Befehlsstand in einem ehemaligen Steinbruch am Rossberg eingerichtet. Von dort hatte er Telefonleitungen zu den einzelnen Flak-Stellungen legen lassen. Polnische Kriegsgefangene, so erzählte man später, hätten die Drähte zerschnitten, weshalb der Feuerbefehl nicht ankam. Als der Feldmeister sich am Morgen selbst auf den Weg nach Annarode machte, wurde er von den Amerikanern gefangengenommen. Die Mannschaften der beiden Geschütze am Blankenheimer Weg haben sich offensichtlich schon aus dem Staub gemacht.

Von dem Geschütz, welches am Waldrand der Kohlenstraße verschanzt war, feuerte einer der Kanoniere auf den ersten Panzer der Kolonne, die in den Ort einfuhr. Die Tanks schossen aus allen Rohren auf die Geschützstellung. Vier der jungen Soldaten starben. Das andere Geschütz, als Strohdiemen getarnt, stand einige hundert Meter entfernt. Die Amerikaner hatten es offensichtlich nicht entdeckt, aber die Mannschaft war bereits verschwunden.

Es war ein glücklicher Umstand für das Dorf, dass es nicht unter Beschuss genommen wurde. Trotzdem fanden am 13. April 1945 in Annarode zehn junge Menschen – der Jüngste knapp 16, der Älteste 21 Jahre alt – einen sinnlosen Tod. Auf dem Friedhof erinnert eine Tafel an sie. Die Namen des hinterrücks am Kirchberg erschossenen US-Soldaten und auch die seiner Kameraden, die in dem abgeschossenen Panzer starben, sind nicht bekannt. Auch sie waren Opfer.

Die Geschütze standen noch lange Zeit in ihren Stellungen, manchmal spielten wir Kinder dort. Nach einer Granatenexplosion, bei dem ein junger Bursche aus Halle starb – er war mit seiner Familie nach Annarode evakuiert worden –, mieden wir die Geschützstellungen. Nach dem Einmarsch von Einheiten der 9. US Army bekamen viele Häuser Einquartierung, die einige Tage andauerte. Es kam zwangsläufig zu Kontakten mit dem »Feind«. Das Leben normalisierte sich schnell. Eines Tages waren die Amerikaner auffallend still und bedrückt. Es hieß gerüchteweise, sie sollten nach Asien verlegt werden, um gegen die Japaner zu kämpfen, denn dort war der Krieg noch nicht zu Ende. Anfang Juli zogen sie ab. Kolonnen der Roten Armee zogen durch Annarode westwärts. Im größten Bauernhaus in der Dorfmitte richtete die Sowjets eine Kommandantur ein. Im Wald am Knüppeldamm bauten sie ein Feldlager. Jeden Tag kamen die Soldaten mit Gesang ins Dorf. In einem Refrain, so klang es in unseren kindlichen Ohren, kam das Wort »Leberwurscht, Leberwurscht« vor.

So begann in Annarode die Nachkriegszeit.

Ich bin Bergmann – wer ist mehr?

Dieser Spruch – heute würde man im PR-Sprech von einem *Claim* reden – wurde in der Nachkriegszeit kreiert, um Menschen für den Bergbau zu gewinnen. Der selbstbewusste Ausruf wurde mit erhöhten Lebensmittel- und finanziellen Zuwendungen unterfüttert. Es ging um die Förderung von Kohle, Uran- und anderer Erze. Wie Herbert Grönemeyer in den achtziger Jahren über Bochum sang, als das Thema schon lange erledigt war: »Dein Grubengold / Hat uns wieder hochgeholt / Du Blume im Revier …«

Der Bergbau gehört zu den ältesten Gewerben der Menschheit. Der Abbau von Bau- und Brennmaterial, von Erzen und Mineralien war seit der Steinzeit eine wichtige Lebensgrundlage. Und zugleich eine nicht ungefährliche Herausforderung für die Bergleute. Die Erde gibt ihre Schätze nicht so einfach her. Ihr Abbau untertage stellt an den Bergmann hohe Anforderungen. Allein die Dunkelheit im Schacht, in den Strecken und vor Ort ist gewöhnungsbedürftig. Die unterschiedlichen Lagerstätten von Kohle, Kali oder Erze erforderten auch verschiedene Abbaupraktiken, die sich im Laufe von Jahrhunderten entwickelt hatten. Doch absolute Sicherheit bot und bietet keine. Schlagende Wetter, Grubenbrände, Gesteinsschläge, Wassereinbrüche, Gasausbrüche und Explosionen sind Naturgewalten, die sich nicht verhindern lassen.

Seit der Mensch »in den Berg« ging, vertraute er natürlich auf Gott, auf die Heilige Barbara, den Drachentöter Sankt Georg und andere Schutzheilige, von denen es insgesamt vierzig gibt. Auch der Bergmannsgruß »Glück auf!« drückt die Hoffnung auf gute Erträge und wohlbehaltene Wiederkehr aus der Tiefe aus.

Die Erfahrung und das Wissen um die Gefahr haben sehr früh schon ein starkes Zusammengehörigkeitsgefühl der Bergleute entwickelt. Sie gründeten Knappschaften, mit denen sie die Solidarität untereinander fundamentierten, die aber auch die Auseinandersetzungen mit den Eignern der Minen, ihren Ausbeutern, führten. Die Bergleute waren und sind mit ihren Organisationen überall an den Fronten des Klassenkampfes zu finden.

In der DDR genossen die Bergleute hohe Anerkennung und Achtung. Daher auch: »Ich bin Bergmann, wer ist mehr?« Das war mehr als ein Werbespruch in den fünfziger Jahren.

Meine Vorfahren waren Bergleute. Mein Vater war Hauer im Mansfelder Kupferschieferbergbau, er verunglückte dort drei Mal schwer und hatte jedes Mal einen Schutzengel. Am meisten litten unter solchen Schicksalsschlägen die Frauen. So entschied meine Mutter, dass ich einen »richtigen« Beruf erlernen sollte und nicht dem Beispiel meines Vaters folgte. Ich wurde Betriebsschlosser – ging aber danach »auf den Schacht«. Ich arbeitete anfangs in der Werkstatt übertage, nach und nach jedoch auch in der Grube. Wir reparierten alles, was dort unten an Maschinen und Geräten im Einsatz war: Lade- und Fördertechnik, Winden für Förderseile, Haspeln genannt, Fördermaschinen, Pumpen, Ventilatoren, Luft- und Wasserleitungen usw. Das erforderte handwerkliches Können, gutes Werkzeug, Geschick und Improvisationsvermögen. Nicht jeder kam mit dem »schlechten Wetter« klar – so hieß die dort unten zu atmenden Luft. Wir Handwerker arbeiteten meist nicht vor Ort, wo die »Schewwern jehackt« – das Kupferschiefer gehauen – wurde. In den siebzig Zentimetern hohen Streben hockten und lagen die Knappen und brachen mit Presslufthämmern die etwa dreißig Zentimeter hohen Erzadern aus dem Berg. Das taube Gestein wurde gleich wieder versetzt, d. h. in die entstandenen Hohlräume geschaufelt.

Meine Mutter beruhigte ein wenig, dass ich nicht »vor Ort«, wo mein Vater verunglückt war, eingesetzt wurde. Doch manchmal musste ich auch in die Abbaue. (Es wäre wünschenswert gewesen, wenn manche Bergmannsfrau einmal dort unten gewesen wäre, dann hätte sie das derart schwer verdiente Geld nicht so leichtfertig ausgegeben.)

Die Arbeitspunkte der Handwerker waren über die ganze Grube verteilt. Keine Reparatur war wie die andere. Meist war man allein, ganz allein. Nur die spärliche Karbidlampe, später elektrische Lampen, erleuchten einen sehr begrenzten Bereich. Und trotzdem fühlte man sich mit der Zeit sicher. Das durfte aber nie Routine werden. Vor allem achteten wir immer auf den

Rückweg. Es passiert schon mal, dass die Lampe ausging und sich Bergleute verirren. Damit niemand unbemerkt verlorenging, hängte man, bevor man einfuhr, seine Blechmarke mit Namen oder seiner Nummer an ein Brett. Blieb sie nach der Schicht hängen, begann die Suche nach dem Besitzer.

Zuletzt arbeitete ich als Flügelschlosser, d. h. ich war für die Förderhaspel, die Luftleitungen und Ventilatoren, Seile, Pumpen eines Flügels – eines Abbaubereiches – zuständig. Ich musste bei »Krebeleien« (Schäden an Maschinen, Leitungen, bei Seilrissen und ähnlichem) sofort ran. Das war schon ein harter Job, zumal noch in Schichten angefahren wurde, aber auch eine gute Lehrzeit. Ich lernte Zusammengehörigkeitsgefühl und gewann die Überzeugung, dass jeder auf den anderen angewiesen war, begriff, wie wichtig Disziplin, Verantwortungsbewusstsein und Aufmerksamkeit waren. Vor allem aber gewann ich Respekt vor der schweren körperlichen und nie ungefährlichen Arbeit, die die Bergleute auf der ganzen Welt leisteten und noch immer leisten.

Mein Betrieb – der Max-Lademann-Schacht – delegierte mich zum Studium an die Bergschule Eisleben, die spätere Ingenieurschule Eisleben. Das wollte ich gar nicht. Ich hatte gerade begonnen, im Max-Lademann-Schacht ordentlich zu verdienen, wollte mir ein Motorrad kaufen, tanzen gehen und leben. Es gab Prämien, die A-Karte für bessere und mehr Lebensmittel und »Punkte«, mit denen man beim Einkauf bevorzugt wurde (so kam ich zu meinem ersten Fahrrad) sowie »Schachtschnaps«.

Widerwillig nur ging ich zum Studium. Das Stipendium von 115 Mark stimulierte nicht gerade den Lerneifer. Außerdem hatte ich mit acht Jahren und den Unterbrechungen während des Krieges keine studienreife Schulbildung erfahren. Den Stoff konnte ich nur mit Mühe erfassen und verarbeiten. In manchen Fächern (Mathe, Physik, Chemie) versagte ich ganz. Mein Deutsch entsprach dem Niveau meiner dörflichen Volksschule, dort hatte ich zudem in Schönschreiben nie mehr als eine 4 erreicht. Ich hatte und habe unverändert eine Sauklaue.

Das alles machte depressiv. Ich freute mich auf das Ende des ersten Studienjahres, von dem ich überzeugt war, dass ich danach gefeuert werden würde. Doch statt der Exmatrikulation empfahl mir die Schulleitung, das Jahr zu wiederholen. Diszipliniert folgte ich dem Ratschlag – und kam durch.

Als Bergmaschineningenieur wurde ich 1957 im Harzer Eisenerzbergbau bei Blankenburg und Wernigerode eingesetzt. Lagerstätten und Abbauverfahren waren nicht ganz so kompliziert und aufwändig wie im Mansfelder Revier. Als Assistent lernte ich die drei Schächte »Braunesumpf«, »Büchenberg« und »Einheit« kennen. Als Maschinensteiger war ich zuständig für die Instandhaltung von allem, was sich in der Grube drehte und bewegte, sowie für zwanzig Schlosser, acht Schachtmaurer und -zimmerleute sowie 24 Pumpenwärter. Ich fühlte mich persönlich gefestigt und in meiner Funktion zuversichtlich. Nun würde ich meine Freundin heiraten, eine Wohnung finden und bis an mein Lebensende im schönen Harz leben.

Aber es kam anders.

Auf Grund meiner Herkunft, meiner Entwicklung, vor allem aber wegen meines gesellschaftlichen Engagements – Mitglied der SED, der FDJ-Kreisleitung Wernigerode und der Kampfgruppen – war ich offensichtlich ins Blickfeld des MfS geraten. Man sprach mich wiederholt an. Unter der Hand hieß es, dass untertage bald Schluss sei, der Bergbau im Harz werde bald eingestellt. Über kurz oder lang werde ich mir wohl ohnehin eine neue Arbeit suchen müssen. Warum nicht schon jetzt?

Ich nahm schließlich das Angebot als Chance. Von der Notwendigkeit der Verteidigung unseres Arbeiter- und Bauernstaates musste man mich nicht überzeugen.

Ich begann 1959 in der Kreisdienststelle Wernigerode gleich als Offizier, ohne von dem Metier die geringste Ahnung zu haben. Nach drei Jahren Abwehrarbeit an der sogenannten Basis – der Harzer Industrie und Landwirtschaft – wurde ich in eine zentrale Arbeitsgruppe der Bezirksverwaltung Magdeburg versetzt. Dort lernte ich die wirtschaftlichen und politischen Strukturen und operativen Aufgaben eines Bezirkes kennen.

Statt des vorgesehenen Hochschulstudiums wurde ich Mitte der sechziger Jahre über Nacht nach Berlin zur HV A »berufen«. Inzwischen hatte ich Margot, meine große Liebe, geheiratet, und wir hatten eine Tochter, Elke. Später kam noch Rainer dazu.

Die Aufklärung machte mich wieder zum Zivilisten. Als Offizier im besonderen Einsatz (OibE) sollte ich perspektivisch als Exportkaufmann in einem Außenhan-

Rudolf Herz (r.), Offizier in der Kreisdienststelle Wernigerode des MfS, bei einer militärischen Übung im Gelände; Aufnahme um 1960

delsbetrieb der DDR unter dem Decknamen »Benz« tätig werden. Ich begann eine intensive operative Ausbildung und trainierte als Aufklärer in der Großstadt.

Ursprünglich war mein Einsatz in Indien vorgesehen, weshalb ich Englisch lernte. Anfang Januar 1965 nahm man eine Korrektur vor. Ich sollte in einer Handelsvertretung in Lateinamerika eingesetzt werden. Davon hatten wir noch nicht so viele. Deshalb würde man mich, so der Plan, als Exportkaufmann nach Uruguay und Kolumbien schicken, um mir »Regime-Kenntnisse« anzueignen, wie das hieß. Ich könne den südamerikanischen Markt vor Ort studieren, meine spanischen Sprachkenntnisse verbessern (Anfang 1965 sprach ich kein einziges Wort Spanisch) und Erfahrungen als Aufklärer sammeln, die mir später vielleicht nützlich sein würden.

So der Plan der strategisch denkenden Genossen der Auslandsaufklärung der DDR.

Als OibE »Benz« 1965 nach Montevideo/Uruguay

Im Februar/März 1965 beteiligte sich die Kammer für Außenhandel der DDR mit einem Kollektivstand mehrerer Außenhandelsunternehmen (AHU) an der ersten und einzigen »Welt-Industriemesse am Atlantik« in der Hauptstadt von Uruguay, Montevideo.

Ich reiste für den AHU Maschinen-Export und sollte für die ordentliche Präsentation des Baggers UB 80 von VEB Nobas Nordhausen und der Planierraupe KT50 des Brandenburger Traktorenwerkes sorgen und diese nach Möglichkeit verkaufen. Ich freute mich auf meine erste Reise ins kapitalistische Ausland, ohne überhaupt zu wissen, wo genau Montevideo lag. Zu Hause suchte ich erst einmal im Atlas Uruguay, nachdem mir die Mission mitgeteilt worden war.

Um mir Sicherheit zu geben, versicherte mein Führungsoffizier, dass man mir mit Kollegen Löffler einen erfahrenen Monteur zur Seite stellen werde. Der habe schon zehn Monate in Brasilien gearbeitet und spreche Portugiesisch. Außerdem würde man den für uns in der Handelsvertretung zuständigen Delegaten informieren, dass ich käme.

In jener Zeit hatte sich der Tierpark Berlin mit einer ungewöhnlichen Bitte an alle Auslandsvertretungen der DDR gewandt. Der im Nationalen Aufbauwerk (NAW) von unzähligen Freiwilligen geschaffene Tierpark (der Berliner Zoo befand sich im Westteil der Stadt) suchte Exoten. Man brauchte nicht nur Mieter für das 1963 eröffnete Alfred-Brehm-Haus, dem größten Tierhaus der Welt mit einer begehbaren Tropenhalle, sondern insgesamt Bewohner für Europas größtem Tierpark.

Als Neuberliner brannte ich natürlich für diese Park, und ich verstand, dass die Beschaffung von Tieren in ihren Herkunftsländern kostengünstiger sei, als etwa in Zoos in Westeuropa Tiere zu erwerben. Prof. Heinrich Dathe, der Tierpark-Direktor, setzte augenscheinlich auf die Solidarität der DDR-Dienstreisenden und unserer Vertretungen im Ausland. Und natürlich auch ein wenig auf deren Eitelkeit. Ein Täfelchen an einem Gehege im Tierpark »Diese Silbermähnenäffchen sind eine Spende der Mitarbeiter der Handelsvertretung der DDR in Brasilien« oder so ähnlich kam natürlich gut an. Auch Freikarten oder eine Erwähnung in der beliebten Rundfunksendung »Im Tierpark belauscht« mit Karin Rohn und Prof. Dathe war nicht schlecht. Tue Gutes und rede darüber galt auch für Sozialisten.

So kamen viele Tierarten nach Berlin, oft aber auch Spezies, für die die Tiergärtner keine Verwendung hatten.

Im Außenhandel erzählte man, dass die Vertretung in São Paulo in Brasilien eine Anaconda bei einem Schlangenhändler gekauft hatte, für die Ausfuhr aber kein Zertifikat und keine Genehmigung bekam. Außerdem fand sich keine Transportmöglichkeit in die DDR. So blieb das Tier beim Händler, wurde immer größer und kostete Futter und Logis. Nach einiger Zeit wurde die Riesenschlange gegen eine junge getauscht – und die kam nach Berlin. Irgendwie.

Die Leiterin der Messedelegation in Montevideo, eine ehrgeizige Dame der Kammer für Außenhandel, strebte offensichtlich auch danach, ihr Ansehen daheim durch eine gemeinnützige Initiative für den Tierpark zu heben. Die Messedelegation wurde zu einer Spende aufgefordert. Es kam auch ein beachtliches Sümmchen zusammen. Von dem Geld kaufte sie bei einem einheimischen Tierhändler zwei Ochsenfrösche und eine giftige Grubenotter. Der Verkäufer informierte lediglich, wie und wovon die Tiere lebten, für den Transport über den Großen Teich jedoch war er nicht zuständig.

Die Messe ging mit der Nachricht zuende, dass in Berlin mein Sohn Rainer zur Welt gekommen sei, worauf wir natürlich anstoßen mussten. Auf der Messe hatten wir Kontakt zu einem einheimischen Spirituosenfabrikanten bekommen, der uns zoll- und steuerfrei seine Exponate verkaufte. Für meinen Bagger und die Planierraupe hatte sich kein Käufer gefunden, so schloss ich mit der Vertreterfirma einen Einlagerungsvertrag ab, womit meine Mission beendet war.

Als frisch gebackener Vater wurde mir erlaubt, mit der ersten Gruppe nach Hause zu reisen. Unsere geltungssüchtige Chefin hatte inzwischen erfahren, dass ich im Hans-Loch-Viertel in unmittelbarer Nähe vom Tierpark wohnte. Am Vorabend der Abreise gab es eine kleine Zusammenkunft mit Dankeschön und Cuba Libre und für mich den ehrenvollen Auftrag, die Tiere mit einem Grußschreiben der Messedirektorin auf dem Kopfbogen der Kammer für Außenhandel an Prof. Dathe zu übergeben.

Das ehrte mich wie es mich auch ärgerte. Ich widersprach allerdings nicht, denn ich war froh, dass ich wieder nach Hause kam. Mulmig wurde mir erst auf dem Flugplatz, als man mir nach dem Einchecken des Gepäcks zwei Pappkartons übergab, die ich als Handgepäck befördern sollte. In dem einen waren die beiden Ochsenfrösche, und in dem anderen lag zusammengerollt die giftige Schlange. Beide Kartons waren kreuzweise verschnürt, oben befand sich eine Schlaufe, damit ich sie mir über den Arm hängen und mit dem Sommermantel bedecken konnte. An einem Karton war noch genügend Schnur für den Fall, dass sich die Schlange reckte und die Pappschachtel zu sprengen drohte. In diesem Falle sollte ich einfach noch eine Lage um den Karton wickeln und festbinden, wurde mir bei der Übergabe fürsorglich empfohlen.

Wir bestiegen das Flugzeug der skandinavischen SAS, und ich schob die beiden Kartons unter meinen Sitz. Die mitreisenden DDR-Kollegen – zwei Techniker der Werbeagentur DEWAG und der Pressebeauftragte – saßen weit vorn in der Maschine. Wir flogen der Nacht entgegen. Nach dem Abendessen waren die Bordlichter gelöscht worden. Es wurde ruhig in der Maschine, nur die Motoren brummten. Ich fürchtete, dass die Frösche nunmehr ihr abendliches Konzert beginnen würden, wie wir es in Montevideo erlebt hatten: Unweit des Messegeländes gab es einen Tümpel, aus dem nach Einbruch der Dunkelheit kräftiges Posaunenblasen kam. Ein Uruguayo klärte mich belustigt auf, als ich ihn nach dem Ursprung fragte. Das seien Frösche. Jeder sei hierzulande froh, wenn er nicht in der Nähe eine Wasserstelle wohnen müsse. Besonders in der Fortpflanzungszeit sei der Lärm unerträglich.

Bis Prag herrschte Ruhe im Karton.

Die IL 14 der Interflug stand bereit. Doch wir kamen nicht mit. In der Maschine saß bereits Louis Armstrong und seine Entourage. Der Mann von der Interflug erklärte sich bereit, unsere Flugtickets in Bahnfahrkarten umzutauschen und unseren Transport zum Prager Hauptbahnhof zu organisieren. Der Zug nach Berlin ging Stunden später, wir kamen nachts in Berlin an. Die Pass- und Zollkontrollen überstand ich problemlos. Auch die Fahrt zu meiner Wohnung.

Bevor ich meine Frau und meinen neugeborenen Sohn begrüßte, schob ich die beiden Kartons mit dem Getier unter die Badewanne. Am anderen Morgen, es war Sonnabend, machte ich mich auf die Suche nach einer Telefonzelle, um Prof. Dathe meine illegal eingeführten Mitbringsel anzukündigen. Ich erreichte ihn auch persönlich. Er war sehr erfreut und versprach, einen Dr. Petzold, das wäre der Verantwortliche für das Schlangenhaus, gleich vorbeizuschicken.

Bei meiner Rückkehr stand der Barkas vom Tierpark vor unserer Tür. Der Fahrer hatte bereits meiner Frau erklärt, dass er käme, um die Frösche und die Schlange abzuholen. Sie bestritt, dass wir so etwas hätten. Er habe sich gewiss in der Adresse geirrt.

Ich klärte die Situation, ging ins Bad und übergab die beiden Kartons.

(Das entsetzte Gesicht meiner Frau habe ich noch immer vor Augen. Vor jeder nachfolgenden Auslandsreise gab sie mir die Mahnung mit auf den Weg: »Aber lass dir ja nicht wieder Viehzeug aufhalsen.«)

Am Montag ging ich wie gewohnt zur Arbeit. Es war üblich, dass man nach einer Auslandsreise für die daheim gebliebenen Kolleginnen und Kollegen eine Flasche und ein Paket Westkaffee auf den Tisch stellte. In der kollektiven Kaffeepause berichtete man dann über die Erlebnisse. Das war, wie ich weiß, in allen Betrieben der DDR so üblich.

Ich erzählte natürlich auch über die beiden Frösche und das giftige Reptil. Man bezichtigte mich der Aufschneiderei, also der Lüge. Wo ich denn die Begleitpapiere habe, die man brauche, um die Kontrollen zu passieren: Ausfuhr- und Einfuhrgenehmigungen, Quarantänenachweise und so weiter?

Ich habe die Viecher mitgebracht und damit bewiesen, dass es auch ohne Papiere gehe, erklärte ich nahezu beleidigt. Man nahm mir die Geschichte einfach nicht ab. Es wurde beschlossen, bevor man im Brigadebuch darüber schriebe, dass die Sache überprüft werden. Zwei Praktikanten bekamen den Auftrag, in den Tierpark zu fahren und dort nachzufragen.

Nachdem die Reiseauswertung beendet war, luden mein Gruppenleiter und ein erfahrener Reiseverkäufer mich in die Kantine ein. Die beiden erklärten ohne Umschweife, dass sie den Tiertransport als Brigadebeitrag zwar anerkennen würden, mich aber prinzipiell dafür kritisieren müssten. Wenn die Sache schiefgegangen wäre, hätten das ganze Kontor, der Außenhandelsbetrieb und ich selbst mit weitreichenden Konsequenzen rechnen müssen. Ich solle froh sein, dass alles so glimpflich abgelaufen sei, und besser darüber schweigen als damit auch noch zu prahlen. Denn wenn die Geschichte »nach oben« gelangte, würde das eine Lawine auslösen, die mich begraben dürfte.

Die beiden schrieben es meiner Unerfahrenheit zu, dass ich auf die Sache eingegangen war, aber auch der Verschlagenheit der Messeleiterin, mich dafür ausgenutzt zu haben.

Ganz kleinlaut gab ich noch einen Kaffee aus und war somit, glaube ich, in den erlauchten Kreis der erfahrenen Auslands-Dienstreisenden aufgenommen.

Einige Tage später hatten die Brigadespäher im Schlangenhaus des Tierparks einen Wärter befragt, der alles bestätigte und mitteilte, dass die Tier wohlauf seien. Die Schlange habe einen guten Appetit, dass sei sehr wichtig. Sie habe schon zwei weiße Mäuse und eine Ringelnatter gefressen.

Ich selbst fühlte mich wie einer, den man beim Äpfelklauen erwischt hatte, und brauchte meine Zeit, um die Episode zu verarbeiten.

Eine Woche später bekam ich von Prof. Dathe einen Brief, in dem er sich bedankte, mir einen Freibesuch mit einer Führung durch den Tierpark anbot und mich für den kommenden Donnerstagnachmittag zu einem Vorgespräch mit Karin Rohn einlud.

Das Gespräch musste ich unbedingt absagen, denn ich war ja angehalten, Gras über die Sache wachsen zu lassen und sie nicht noch an die große Glocke zu hängen. Ich rief Dathe an und zog mich mit einer auch langfristig wirksamen Entschuldigung aus dem Verkehr.

Das mir von den Außenhändlern verpasste Etikett blieb jedoch haften. Ich war der mit den Ochsenfröschen und der Schlange.

Das kam mir Spanisch vor

Nach meiner ungeplanten Umsetzung in das Kontor Lateinamerika des Außenhandelsbetriebes Anfang 1965 hatte ich Spanisch zu lernen begonnen. Doch ehe ich die ersten Vokabeln beherrschte, musste ich schon nach Montevideo. Kollege Löffler, der mich begleitete und bereits zehn Monate in Brasilien gearbeitet hatte, war keineswegs so sprachkundig, wie es mir angekündigt worden war.

Bereits bei der Einreise gab es die ersten Probleme. Hinter einem Tresen saßen mehrere Beamte, von denen jeder etwas von uns haben wollte. Ich verstand kein Wort und behielt krampfhaft meine Reisedokumente in der Hand.

Von hinten kam ein offensichtlich sprachkundiger Deutscher, der seine Hilfe anbot. Als gut geschulter DDR-Bürger war mir klar, dass hinter diesem Angebot der Klassenfeind lauerte. Ich wies die Offerte darum schroff zurück.

Der erste Kontrolleur griff nach meinem Pass. Nachdem ich ihm prüfend in die Augen geschaut hatte, überließ ich ihm mein Dokument.

Der nächste Beamte erklärte: »Cinco Dollares! Cinco Dollares!« Jetzt meldete sich mein Monteur: »Der will fünf Dollar!« Ich bezahlte und bekam einen Beleg.

Also, geht doch, beruhigte ich mich.

Ein Dritter wollte etwas, was ich wieder nicht verstand. Er verlangte den internationalen Impfschein. Ich legte meine Papiere auf den Tisch, er griff nach dem gelben Dokument, guckte rein, Stempel drauf, fertig!

Mir war warm, ich schwitzte. Als wir mit der Bahn nach Prag fuhren, herrschte eisiger Februar-Winter. Wir waren dementsprechend gekleidet. Hier aber war Sommer. Spätestens jetzt begriff ich, warum sich einige Passagiere im Flugzeug umgezogen hatten.

Die kleine Empfangshalle war rappelvoll, aber darunter war kein Mensch aus unserer Handelsvertretung. Wir verzogen uns mit dem Gepäck in eine Ecke, damit uns nichts passierte. Wir befanden uns schließlich in Südamerika, wo geklaut, geschossen und geputsch wurde!

Wir warteten und schwitzten. Langsam begann ich mir selbst lästig zu werden. Was tun, wenn uns niemand abholte? Der Raum hatte sich sukzessive geleert, und von den verbliebenen Personen sah niemand so aus, als ob er sich für uns interessierte.

Kollege Löffler rauchte eine Zigarette nach der anderen. Dauernd kamen Ansagen über Lautsprecher, die wir nicht beachteten, weil wir sie nicht verstanden.

Plötzlich klang es wie Señor Loeffler und Señor Rudolf. Den Rest verstanden wir nicht.

Löffler suchte die Dame am Mikrofon. Ein freundlicher Herr kam wenig später auf uns zu. Stellte sich vor. Ich hörte den Namen unserer Vertreterfirma heraus und fragte nach einem mir vom Schriftwechsel bekannten Herren, der Deutsch sprechen sollte. Meine überhitzte Unterwäsche mahnte. Ich fragte darum weiter, ob er denn ein Auto habe, was er verneinte, er habe ein »Coche«. Das hörte sich an wie Kutsche. O je. Der Flugplatz war dreißig Kilometer von der Stadt entfernt – und das in einer Kutsche.

Der freundliche Herr griff zwei unserer Koffer und zog los, wir hinterher. Draußen pralle Mittagssonne. In einer Ecke unter einer Palme stand ein uraltes Auto. Ein Verdeck hatte es nicht. Unsere Koffer wurden verstaut.

»Warum verarscht der uns?«, fragte Löffler.

Ich wusste nicht, was er meinte. Ich sprach weder Portugiesisch noch Spanisch.

Der Fahrer redete in einer Tour. Mein einstudierter Einwand »Yo no hablo espanol!« (»Ich spreche kein Spanisch!«) bremste ihn nicht. Offenbar erklärte er uns die Umgebung, die Stadt, den Weg. Er wies auf dieses und deutete auf jenes. Wir verstanden nur Bahnhof.

Er hielt schließlich vor einem Hotel im Stadtzentrum. In der kühlen Empfangshalle wartete ein junger Mann auf uns, er stellte sich als Delegat unserer Vertretung vor. Er schien sauer, weil wir angeblich so spät kämen, wir müssten sofort los, in eine erste Verhandlung, wegen der Messeexponate, haspelte er herunter. Wir brachten die Koffer auf unser Zimmer, ich griff die dicke Verhandlungsmappe und stürzte nach unten, dann ging es kreuz und quer durch die Stadt, zu unserer Vertreterfirma.

Wir wurden dort freundlich begrüßt, man servierte heißen schwarzen Kaffee. Ich spürte, wie die Flüssigkeit den Körper sofort wieder durch alle Poren verließ. Nach einigen Stunden fuhren wir zurück zum Hotel. Jetzt konnte ich mir nicht verkneifen, meinem Herzen Luft zu machen. Ob er überhaupt wisse, wie das Wetter in Europa sei und in welchen Sachen wir hätten verhandeln müssen?

Der Delegat bog sich vor Lachen.

Mir war nicht nach Heiterkeit zumute.

Als ich am anderen Tag in die Vertretung kam, sahen mich die Kolleginnen prüfend an und erkundigten sich ironisch-besorgt nach meinen langen Unterhosen. Angenehm war mir die Sache nicht. Weitaus ärgerlicher jedoch war, dass ich die Landessprache nicht verstand – auch wenn ich bisher meist mit Menschen zu tun hatte, die Deutsch als Mutter- oder Fremdsprache beherrschten.

Auf dem Messegelände außerhalb der Stadt war ich verantwortlich für den Stand auf dem Freigelände. Hier standen bereits der Bagger von NOBAS Nordhausen, die Planierraupe der Brandenburger Traktorenwerke (BTW) und eine Saatgut-Reinigungsmaschine aus der Landmaschinenfabrik Petkus Wutha.

Wir hatten eine luftige Kabine, es war wie in der Sommerfrische. Gespräche mit den Besuchern führte unser versierter Kollege von der Vertreterfirma, Roberto E. Lena. Unsere Sprachkenntnisse reichten dazu nicht.

Bei den sommerlichen Temperaturen hielt man in Uruguay mittags Siesta. Die Stadt war wie ausgestorben. Alle schliefen. Die Messe öffnete abends um 18 Uhr und schloss um Mitternacht. Aber nach deutscher Ordnung hatten wir um 15 Uhr auf dem Messgelände zu sein, den Stand zu besetzen, die Geräte sauber zu halten, an Beratungen teilzunehmen usw. Unser uruguayischer Kollege Roberto verstand das überhaupt nicht. Denn er wäre gern zuhause geblieben und erst gegen 18 Uhr zu uns gestoßen. So aber verkürzten wir ihm die Siesta. Er war der Einzige, mit dem ich kommunizieren konnte. Er verstand ausreichend deutsch, aber für eine Konversation reichte mein Spanisch nicht. So kam er auf die Idee, die Zeit von 15 Uhr bis Eröffnung der Messe um 18 Uhr zu nutzen, um mir die spanische Sprache näher zu bringen.

Ich willigte ein, und wir legten los.

Zuerst gab er mir eine allgemeine Einleitung. Er machte mich auf Vokabeln aufmerksam, die sich international in viele Sprachen eingeschlichen hatten, meist hatten sie ihren Ursprung im Lateinischen: Auto, motor, maquina, ingeniero, gramatica, musica, museo, el sol, la luna, aeropuerto …

Jeden Tag brachte er mir neue Begriffe bei. Für die Farben brauchten wir einen Tag: negro, blanco, rojo, azul, maron, cafe, aber auch verde, amarillo, celeste, rosa mexicana, gris. Danach folgten Länder- und Städtenamen: Alemania, Francia, Inglaterra, Rusia, Suecia, Renania Palatinado (Rheinland Pfalz) und Montana Metalica (Erzgebirge); Hamburgo, Munich, Colonia, Roma, Moscu, Londres …

An einigen Vormittagen machte ich mich frei. Ich gab vor, Verhandlungen zu haben. Dann fuhr Roberto mit mir durch die Stadt und zeigte mir Sehenswürdigkeiten: die Universität, das Fußballstadion, das Denkmal für die ersten Siedler aus Europa, Kirchen, Gaststätten und den Hafen. Er kommentierte alles mit einfachen Worten, wiederholte vieles, brachte mir die gebräuchlichsten Fragewörter bei und forderte mich zu praktischen Übungen heraus.

Als Nächstes die Zahlen. Dazu brauchten wir einige Tage. Zwei Stunden vor Einlass der Messebesucher wurden über die Lautsprecher die Nummern von Autokennzeichen aufgerufen. Das waren Fahrzeuge, die das Messegelände verlassen sollten. Roberto erteilte mir den Auftrag, täglich alle Nummer aufzuschreiben. Es waren mehrere Seiten. Er kontrollierte das. Seitdem beherrsche ich die Zahlen, auch die Ordnungszahlen, perfekt.

Roberto nahm mir nicht nur die Scheu vor der spanischen Sprache, er inspirierte mich geradezu und gab mir die Selbstsicherheit, dass man und wie man eine Sprache erlernen kann. Zum Glück habe ich auch die dafür erforderliche Veranlagung. Das Leben, die Praxis ist auch hierfür die beste Schule.

Nach meiner Rückkehr schickte mich meine Sprachlehrerin zwei Lehrgänge höher. Dort unterrichtete ein Muttersprachler, ein spanischer Emigrant, Señor Quevedo. Mit ihm verstand ich mich von Anfang an blendend.

Auf nach Kolumbien, 1967

Kolumbien ist ein schönes Land im nördlichen Teil Südamerikas, das von den Touristen wegen der hohen Kriminalität gemieden wurde. Auch der seit Jahrzehnten tobenden Guerillakrieg zwischen Regierungstruppen und den Freiheitskämpfern der *Fuerzas Armadas Revolucionarias de Colombia* (FARC) war keine Einladung.

Als die DDR den Handel mit den südamerikanischen Ländern anstrebte, boten sich günstige Voraussetzungen für die Etablierung einer Handelsvertretung in Bogota. Seitdem entwickelten sich die Beziehungen zum gegenseitigen Vorteil. Wir bezogen den heißbegehrten kolumbianischen Hochlandkaffee – als Gegenleistung lieferte die DDR chemisch-pharmazeutische Produkte, Maschinen und Anlagen. Zur Realisierung mehrerer Projekte der Infrastruktur interessierten sich kolumbianische Unternehmen auch für Straßenbaumaschinen aus der DDR.

Zur Unterstützung unserer Vertreterfirma reiste ich 1967 als Exportkaufmann für mehrere Wochen wiederholt nach Kolumbien. Einer meiner Verhandlungspartner vor Ort war ein ungebundener, selbstbewusster Westdeutscher. Wir nannten ihn Addi. Er war Anfang dreißig und lebte schon einige Jahre im Lande.

Als die ersten drei NOBAS-Bagger geliefert werden sollten, stand die Frage, in welchem kolumbianischen

Hafen sie entladen werden könnten. Für uns ergab sich daraus die Notwendigkeit, die in Frage kommenden Häfen Cartagena, Barranquilla und Santa Marta an der Karibikküste zu inspizieren. Addi plante dafür eine Woche mit zwei verlängerten Wochenenden. Es war Sommer, und wir freuten uns gemeinsam auf ein wenig Abwechslung und Erholung. Unser erstes Quartier bezogen wir in einem ziemlich neuen Hotel direkt an der Küste, einige Kilometer vor Santa Marta entfernt.

Im Hotel war es angenehm kühl. Wir genossen die Sonne, den Strand, die köstlichen Getränke und badeten im Karibischen Meer. Addi schwärmte von dem damals in Mode gekommenen Fun-Sport, sich von einem Boot auf Skiern übers Wasser ziehen zu lassen. Er habe das schon mal gemacht, sagte er, und wolle es mir darum zeigen. Natürlich mit dem herablassenden Unterton, dass wir in der DDR davon niemals etwas mitbekommen würden.

In einiger Entfernung lagen am Strand einige Boote mit Außenbordmotoren. Gegen Abend wurde dort auch Wasserski gefahren. Addi handelte mit einem der Bootseigner einen Stundenpreis aus und machte einen Termin am nächsten Vormittag. Gegen 11 Uhr, als die Sonne am höchsten stand, zogen wir los. Nur mit der Badehose bekleidet. Unser *botero*, ein junger farbiger Hüne, erwartete uns bereits. Sein Boot machte einen stabilen Eindruck, ebenso der kräftige Außenbordmotor. Wir fuhren parallel zum Strand, weg vom Hotel, zwischen einer kleinen felsigen Insel und einer Landzunge hindurch in eine langgestreckte menschenleere

Bucht mit herrlich weißem Sand. Ich war sehr gespannt. Addi hockte sich, mit den Brettern an den Füßen, in den Sand, der *botero* gab Vollgas – und Addi flog im hohen Bogen ins Wasser. Das sah komisch aus, ich lachte. Der Bootsführer schüttelte den Kopf.

Addis zweiter Anlauf endete ebenso.

Nach einigen weiteren Versuchen gab er auf. Inzwischen lachte ich nicht mehr, er tat mir leid. Mein Spanisch reichte, um den Kolumbianer zu fragen, warum er viel zu kräftig und schnell anfahre, so ginge das nie. Warum fahre er nicht langsamer?

Er fahre so, wie es der Patron ihm befohlen habe, antwortete er: schnell und mit aller Kraft. Und wenn er nicht tue, was ihm gesagt worden sei, würde er am Ende nicht bezahlt werden.

Ich verstand und verabredete, dass er mit mir langsam anfahren solle.

Dass ich auf den Brettern würde stehen können, war mir klar: Im Harz war ich jahrelang auf Skier gelaufen.

Die schwierigste Phase war der Start. Die Leine straffte sich, langsam, sehr langsam bekam ich den Wasserdruck zu spüren, und wie von Geisterhand gezogen glitt ich aus dem Wasser. Sehr gefühlvoll steuerte der *botero*, das Boot wurde schneller und schneller, und ich stand sicher. Es war herrlich. Anfangs hielt ich mich, wie angewiesen, über der perlenden Blasenspur der Schiffsschraube, dort war das Wasser eben und ruhig. Mehr und mehr erprobte ich die Bewegungsmöglichkeiten nach rechts und links. Dann verließ ich das ruhige Kielwasser und fuhr auf die knallharten Wellen der See. Ich genoss das Gleiten und meinen Triumph, dem Wessi (wir sagten damals »Bundis«) den Schneid abgekauft und ihm etwas von seinem Hochmut genommen zu haben.

Der düpierte Addi setzte sich zur Wehr. Er unterstellte mir tausend Gemeinheiten, auch politische natürlich. Es kostete ihm einiges, seine Blamage zu kaschieren. Er wagte sich noch einmal an die Leine. Diesmal zog ihn der Bootsführer gefühlvoll aus dem Wasser. Addi ließ sich noch ein paar Runden schleppen, dann hatte er genug. Der Zug der Leine ging doch ganz schön auf die Arme und den Rücken, und die Stürze hatten ihn auch mitgenommen.

Ich fühlte mich noch kräftig genug und fragte, ob ich nicht die Rückfahrt zum Hotel im Schlepp machen könne. Warum nicht, sagte der Kolumbianer.

Wir rauschten hinaus auf die offene See, ehe wir zwischen der Landzunge und der kleine Insel hindurch und dann quer durch die größere Bucht auf den Strand vor unserem Hotel zusteuerten. Vor der Hotelterrasse stellte uns der Hotelchef zur Rede. Er möchte nicht den Ruf seines Hotels wegen übermütiger Gringos riskieren. Zwischen der kleinen Insel und der Landzunge wimmele es von hungrigen Haien. Sie seien dort, weil die Fischer frühmorgens ihren Fang anlanden und nach dem Ausnehmen der Fische die Abfälle ins Meer schütteten. Außerdem sei das Wasser dort sehr flach, große Steine lägen wenige Zentimeter unter der Oberfläche. Wenn man dort stürzte und ins Wasser fiele, würden die Haie sofort reagierten. Wenn auch nur ein Mensch attackiert werden würde, könnte er sein Hotel dichtmachen. Der breitschultrige *botero* hatte sich während dieser Philippika unbemerkt verdrückt, seinen Lohn holte er sich am Abend ab. Die Haie verfolgten mich im Traum. Es kann aber auch der Sonnenbrand gewesen sein, den ich mir geholt hatte.

Nach der täglichen Selbstisolation im abgedunkelten Hotelzimmer drängte es mich, mir abends etwas Bewegung zu verschaffen. Ich unternahm einen Spaziergang außerhalb der Hotelanlage. Links und rechts der Zufahrtstraße war das Terrain urbar gemacht worden, man wollte hier offensichtlich eine Ferienanlage errichten, hatte aber, wie es aussah, irgendwann die Arbeiten eingestellt. In weiten Abständen standen einige ärmliche Hütten und Trümmer zusammengefallener Bungalows. Zwischen den einzelnen Parzellen waren Straßen markiert, auch ein fast ausgetrocknetes Bachbett war zu sehen. Die üppige Tropenflora war dabei, sich die gerodete Brache zurückzuerobern. Gemächlich spazierte ich in diesem Gelände herum. Es war stockdunkel, Grillen zirpten, man spürte, dass in den Büschen und dem hohen Gras Lebewesen aktiv waren. Es raschelte.

Nach einiger Zeit hörte ich aufgeregte Rufe vom Hotel, ich kehrte zurück. Vor dem Tor warteten Addi, der mich im Restaurant vergeblich gesucht hatte, und schon wieder der Hoteldirektor. Wie schon Tage zuvor am Strand machte er ein Fass auf. Was ich mir dabei denke, im Dunkeln hier in der Botanik herumzulaufen? Ob ich nicht wisse, dass es hier von giftigen Schlangen nur so wimmele? Diese seien nachtaktiv und in der

Dunkelheit nicht wahrzunehmen. Ich hätte ja nicht einmal einen Stock dabei. Nicht grundlos trügen die Einheimischen eine Machete am Gürtel.

Die Schlangen seien übrigens der Grund, warum sich für die geplante Siedlung kein Mensch interessiere. Als man das Hotel errichtete, habe man auch mit den Schlangen zu kämpfen gehabt. – Vielleicht übertrieb der Hotelier ein wenig, wie es die Art der Latinos ist, aber Angst bekam ich nun doch. Mir war die Sache obendrein auch peinlich. Höflich entschuldigte ich mich. Er lud uns zu einem Versöhnungsbier ein und erzählte noch lange von Schlangen und anderem Getier, was hier in diesem feuchten Klima üppig gedeihe.

Und jetzt machten die Schlangen einen Bogen um sein Hotel?

Naja, räumte er ein, ab und an fischten sie ein Reptil aus dem Pool. Diese seien aber keine giftigen.

Natürlich nicht …

Die Schlangen waren der Grund, dass wir uns nach einer weiteren schlaflosen Nacht eine neue Bleibe in der Stadt suchten.

Die Straße nach Barranquilla führte dreißig Kilometer weit über einen breiten Damm. Das war in Wirklichkeit eine Düne, hinter der ein weites Sumpfgebiet lag, ähnlich einer Nehrung mit einem verlandeten Haff. Auf der einen Seite das Meer, die Karibik, auf der anderen sumpfige Mangrovenwälder. Dort lebten Unmassen an Schlangen, die nachts auf den warmen Asphalt krochen. Außerdem war die Straße ihr Jagdrevier: Sie wurde auch von potentiellen Beutetieren überquert, die in den Sümpfen nach Nahrung suchten. Wir fuhren nachts mit dem Taxi, und es dauerte auch nicht lange, ehe wir die ersten Schlangen über die Straße huschen und am Wegesrand lauern sahen. Sodann schlängelte vor uns eine ausgewachsene Boa. Der Fahrer bremste und versuchte das Tier zwischen die Räder zu nehmen. Ob es ihm gelang …? Dann gab er Vollgas und fuhr, als ob ihm der Teufel im Nacken säße. Er fürchtete, sagte er, dass sich die Schlangen unter dem Auto verklemmen und dann ins Wageninnere gelangen könnten. Außerdem sorgte er sich, dass wir hier im Schlangengebiet mit einer Panne liegenbleiben könnten. Daher der Aufpreis.

Nach Mitternacht erreichten wir das Hotel. Noch früh genug für einen kühlen Drink an der Bar, den mein bundesdeutscher Begleiter nach der kreuzgefährlichen Fahrt durch das Schlangengebiet großzügig spendierte.

Einer der ersten Bagger UB 80 von NOBAS Nordhausen, die wir nach Kolumbien lieferten, wurde in der Nähe der Stadt Cucuta unweit der Grenze zu Venezuela eingesetzt. Ein ausgetrocknetes Flussbett im üppigen Urwald sollte ausgebaggert werden, um Ackerland zu gewinnen. Ich flog mit dem DDR-Monteur dorthin. Wir wollten uns den Einsatzort des Baggers ansehen, Fotos machen und eine technische Durchsicht vornehmen. Mein eigentlicher Auftrag aber lautete, mit dem kolumbianischen Bauunternehmer über weitere Anschaffungen zu verhandeln.

Man holte uns vom Flugplatz ab und brachte uns zum Hotel. Am anderen Morgen brachen wir mit einem geländegängigen Jeep Richtung Urwald auf. Der begann gleich hinter der Stadt. Die Regenzeit war vorüber und die Vegetation wucherte enorm. In dem feuchtschwülen Klima waren wir bald völlig durchgeschwitzt. Die Piste führte entlang einer breiten Flussniederung und ging oft durch tunnelartige Schneisen. Ordentlich durchgeschüttelt erreichten wir das Lager, bestehend aus mehreren Bambushütten verschiedener Größe. Darin lebten die Arbeiter mit ihren Familien. Es gab eine große Gemeinschaftshütte für die Unverheirateten, eine Werkstatt und ein Ersatzteillager. In der Mitte der Anlage stand ein gemauertes Gebäude. Dicht daneben kochte eine Indiofrau an einer offenen Feuerstelle.

Kolumbien übernahm einige Bagger NOBAS UB 80 aus Nordhausen, die Handelsvertreter Herz verkaufte

Im Haus befand sich ein großer Raum mit erhöht aufgesetztem Dach, wodurch eine ständige Belüftung gewährleistet war. In einem Nebenraum standen ein Schreibtisch, ein Feldbett und einfache Regale, offensichtlich das Büro des Bauleiters Nestor Lopez, der *chefe del campo*. Er war unterwegs. Wir unterhielten uns bis zu seiner Rückkehr mit den beiden Zeichnern, die ihren Chef nahezu göttlich verehrten, weil er fast allen im Camp schon das Leben gerettet habe. Lopez sei auch *compatrino* (Pate) aller hier lebenden Kinder, die er jeden Tag mit dem Jeep zur Schule fahre. Vor allem aber kenne er die Gefahren des Urwaldes genau, er sei sehr mutig und werde mit allem fertig.

So habe Lopez ihm das Leben gerettet, erzählte einer der Bauzeichner, als ihm, über die Zeichnung gebeugt, eine giftige Spinne im Genick saß. Zufällig sei Lopez dazugekommen, habe ihm bedeutet, sich nicht zu bewegen, und dann die Spinne mit bloßer Hand entfernt.

Eines Nachts seien die Bewohner im großen Gemeinschaftsschlafhaus durch das Rumoren eines bösen Geistes geweckt worden, setzte der andere Zeichner fort. Sie konnten dessen Anwesenheit nur hören, nicht sehen, flüchteten ins Freie und weckten Nestor Lopez, der mutig in die Baracke ging. Man habe Geräusche vernommen, die auf einen Kampf deuteten. Dann sei Lopez erschienen, in den Händen eine riesige Schlange. Er habe sie auf den Boden geworfen, dann wurde sie mit Macheten kurz und klein gehackt. Danach feierte alle mit Lopez und wollten sich wieder schlafen legen, doch der *chefe del campo* habe sie davon abgehalten: Er müsse noch einmal hinein.

Kurz darauf erschien er mit einer zweiten riesigen Schlange, die das gleiche Schicksal erfuhr wie die erste.

Offensichtlich handelte es sich um ein Schlangenpaar, das es miteinander getrieben hatte. Daher der Lärm …

Endlich rauschte der Jeep heran, Bremsen quietschten. Ein hünenhafter Urwaldmacho forderte mich auf, sofort aus dem Gestrüpp herauszukommen, in welchem ich Blüten und Schmetterlinge fotografiert hatte. Mit gemischten Gefühlen sah ich nun dem Gespräch mit Nestor Lopez entgegen. Der stand inzwischen im Kreise seiner Getreuen und monierte laut unsere Kleidung. Die Gringos seien angezogen wie fürs Spielkasino, sagte er.

Dabei trugen wir ganz normale Hosen, Hemden und Halbschuhe. Er zeigte auf mich und gab zum Besten, wie ich mit der Kamera fotografiert habe, ohne zu beachten, was unter mir passierte. Die Gefahren, das wisse doch jeder hier, lauerten unten, dort säßen die Schädlinge, Insekten und Schlangen.

Trotzig erwiderte ich, dass ich nichts bemerkt habe, ob er nicht ein wenig übertreibe?

Lopez brach das Thema ab und lud zum Essen ein. Serviert wurde in dem massiven Gebäude, in dessen Mitte ein riesiger Tisch stand. Dieser diente normalerweise als Reißbrett, auf dem die Blätter aufgespannt waren, an denen die Zeichner arbeiteten.

Auf dem Tisch stand ein großer Tontopf mit einer dampfenden Masse. Jeder bekam eine Schüssel und einen

Schlag Suppe. Alle aßen mit Appetit, auch wir. Nach geraumer Zeit, die anderen aßen noch, erhob sich Lopez und verließ den Raum. Dann kam er zurück, schaute mich an und warf etwas auf den Tisch, fast vor meinen Napf. Es war eine Schlange, etwa daumendick und vielleicht sechzig Zentimeter lang. Sie erholte sich langsam und begann zu kriechen, zum Glück nicht auf mich zu.

Alle waren aufgestanden und hatten sich vom Tisch entfernt. Ich blieb – meinem Trotz gehorchend – sitzen und löffelte weiter, obwohl mir ganz schön die Muffe ging. Lopez war augenscheinlich von meiner gespielten Gelassenheit beeindruckt. Jeder hier fürchtete sich vor Schlangen (was ich an der Reaktion der Anwesenden durchaus bemerkt hatte), warum nicht der Gringo? Der müsse entweder ein Schlangenbeschwörer oder ein Experte sein. Oder, drittens, der habe überhaupt keine Ahnung, wie gefährlich tropisches Getier ist.

Mit dieser Vermutung hatte Lopez zweifellos recht.

Doch meine Reaktion sorgte dafür, dass wir fortan auf Augenhöhe verhandelten.

Ich fragte ihn später, woher er auf die Schnelle die Schlange geholt habe. Er führte mich daraufhin in den Dschungel. Ein ausgetretener Pfad führte zu einer mit Gestrüpp überwucherten Stelle. Dort befand sich die Latrine. Hier hielten sich immer Schlangen auf, sagte er, vor allem die kleineren, giftigen. Sie lauerten auf Eidechsen, Ratten und Mäuse, die hier nach Fressbarem suchten. Er habe lange genug im Dschungel gelebt und viel beobachtet, sagte der Hüne, vor allem das Fressen und das Gefressenwerden.

Die ersten Spanier, die nach Südamerika kamen, hatten auch keine diesbezüglichen Erfahrungen. Deshalb waren ihre Verluste in den Urwaldregionen besonders groß.

Ich erkundigte mich, warum das Lager so aussehe, wie es aussah, ob es zufällig entstanden sei oder nach Plan.

Natürlich aufgrund historischer Erfahrungen, entgegnete er. Die Anlage eines *campo* erfolge noch immer nach den Erfahrungen der Holländer in Indonesien: Man rodet eine große quadratische Fläche, an deren vier Ecken Masten mit starke Lampen installiert werden. Gefährliche Insekten, etwa Mosquitos, würden nachts ins Licht fliegen und verbrennen. Tagsüber, wenn die Sonne scheine, schafften die Insekten es nicht, eine derart lange unbewachsene Strecke zu überwinden. Um das Lager wird ein schmaler, einen halben Meter tiefer Graben mit steilen Wänden gegraben. Dort hinein fielen die Schlangen und kämen nicht mehr heraus. Sie müssten dann nur noch eingesammelt werden.

Nicht ungefährlich seien auch die Waldameisen, die richtige Wege im Urwald anlegten. Finden sie ein verendetes Tier oder Menschen, würden sie den Leichnam in kurzer Zeit bis auf das Skelett abnagen.

Die Ureinwohner der hiesigen Urwälder entledigten sich auf diese Art ihrer Gegner, sagte Lopez.

Wieder etwas gelernt, wenngleich auch keinen Bagger verkauft.

Delegat in Mexiko, 1968

Anfang Juli 1968 trat ich meinen ersten Auslandseinsatz als Delegat in der neu gegründeten Handelsvertretung der DDR in Mexico D. F. an.

D.F. (*el De-Efe*) stand für *Distrito Federal*, das hieß Bundesbezirk. Und ein Delegat, vielleicht sollte ich es erklären, ist jemand, der von einem Unternehmen geschickt wird, um in dessen Auftrag, stellvertretend für dieses, Verhandlungen zu führen. Und mehrere davon, wenn sie denn kollektiv reisen, bilden eine Delegation.

Zwei Kollegen und deren Frauen waren schon seit einem Jahr vor Ort und hatten die erforderlichen Voraussetzungen geschaffen. Es existierte ein Büro, Wohnungen waren angemietet und erste Kontakte zu mexikanischen Firmen geknüpft.

Dass ausgerechnet ich delegiert wurde, traf mich wie ein Blitz aus heiterem Himmel. Ich besaß zwar schon einige Erfahrungen im Handel mit Südamerika und hatte einige Verkaufsreisen absolviert, aber mein Spanisch war unverändert miserabel. Umgangssprachlich kam ich klar, aber für niveauvolle Verkaufsverhandlungen reichte es noch nicht. Mein diesbezüglicher Einwand in Berlin wurde zerstreut mit dem Trost, dass das Leben im Lande noch immer die beste Schule sei. Und bislang hätten es alle Auslandskader geschafft. Was für ein Trost!

Optimistisch und mit guten Vorsätzen reiste ich mit meiner Frau und unserem dreijährigen Sohn nach Mexiko. Meine Wünsche für eine Sprachausbildung waren dort bereits angekommen. Man fand einen Sprachlehrer, der mir zweimal in der Woche die spanische Grammatik und einen nützlichen Vokabelschatz vermittelte. Señor Nunchez war Exilspanier und 1936 vor den Franco-Faschisten geflohen. Er lebte seither in der recht starken spanischen Kolonie. Mexiko unterhielt zu Spanien, wo noch immer das faschistische Franco-Regime herrschte, keine diplomatischen Beziehungen, es existierte aber noch die Botschaft der von den Faschisten 1939 liquidierten Republik Spanien. Die Vertretung des untergegangenen Staates fungierte gewissermaßen als Interessenvertretung und Zentrum der Exilspanier.

Auch meine Geschäftspartner, die fast alle deutsch sprachen, unterhielten sich mit mir mehr und mehr auf Spanisch und beteiligten sich somit an meinem Bildungsprozess. Manch einer hätte das vielleicht als blamabel empfunden. Ich nicht. Mir trug diese Offenheit, dieses Bekenntnis zur eigenen Unvollkommenheit, durchaus Sympathien ein. Die meisten Gesprächspartner waren jüdische Einwanderer, die die gleiche Erfahrungen in einem fremden Land mit einer fremden Sprache gemacht hatten wie ich.

Ich fragte, wann man eine Fremdsprache ausreichend beherrschte. Nie hundertprozentig, wenn man sie erst im Alter erlernte, hieß es. Aber man könne ruhig behaupten, Spanisch zu sprechen, wenn man zehn

Witze erzählen könne und Spanier darüber lachten, weil sie ihn verstanden hätten.

Diesem Ziel fühlte ich mich bald schon ziemlich nahe, denn ich sammelte Witze und testete deren Wirkung. Alle bemühten sich sofort, mir nach Kräften zu helfen, indem man mir Witze erzählte, die ich mir merkte. Bei jedem Gespräch wurde ein Mitarbeiter aufgefordert, der einen neuen Witz kannte. So begann jede Verhandlung mit einer lockeren Einlage, es entstand eine offene Atmosphäre, die die Beteiligten persönlich näherbrachte. Über die gesamte Zeit meiner Anwesenheit in Mexiko behielt ich diese Praxis bei.

Ich verfügte bald über ein beachtliches Repertoire an spanischen Witzen.

Da, wie schon erwähnt, ein Großteil meiner Bekannten in Mexiko jüdischer Herkunft waren, waren dies auch die Witze. Nun war ich mir bewusst, dass Juden über Juden Witzen machen durften, aber wenn Deutsche dies tun, hatte es einen Beigeschmack. In Mexiko, in dieser Schicksalsgemeinschaft, wurde mir diese unterschwellige Sorge genommen. Komm, erzähl, sagten die neuen Freunde und Bekannten, nur Mut. »Ein reicher Jude starb. Sein Testament lautet: Derjenige von meinen drei Söhnen erbt Geschäft und Vermögen, der mir den höchsten Betrag auf den Sarg legt. Die Stunde des Abschieds kam heran. Der erste Sohn trat vor und legte 5.000 Dollar auf den Sarg. Danach kam der zweite und packte ein Bündel mit 10.000 Dollar darauf. Ihm folgte schließlich der jüngste Sohn. Er nahm die Banknoten, steckte sie ein und legte einen Scheck auf den Sarg. Auf dem Scheck stand: 30.000 Dollar – einlösbar nach 30 Tagen.«

Oder ein Witz über die geistige Überlegenheit der Juden und ihren selbstsicheren Umgang mit der Religion: »In einer kleinen Stadt in Mexiko lebten wie überall Angehörige dreier Religionen: Protestanten, Katholiken und Juden. Jeden Sonntag nach dem Gottesdienst trafen sich die Hirten der Gläubigen – der Pfarrer, der Vikar und der Rabbiner – in der Gaststätte zum Mittagessen, tauschten Neuigkeiten aus und berieten über dies und das. Sie kamen auch auf die Kollekte zu sprechen, von der nicht nur die Kirche, sondern auch die Kirchenleute lebten, und dass immer weniger für sie übrigbliebe. Wie mache er das mit dem Geld?, wurde der Protestant gefragt. ›In meinem Arbeitszimmer habe ich in der Mitte einen großen Tisch mit grünem Tuch. Darauf male ich mit Kreide in der Mitte einen Kreis. Er bedeutet das Herz Jesu. Dann nehme ich die Kollekte in beide Hände und werfe das Geld in die Höhe. Alles, was in den Kreis fällt, ist für die Kirche, was außerhalb liegt, ist für mich.‹

Danach der Katholik: ›Ich mache es so ähnlich. Auch ich habe einen großen Tisch mit einem grünen Tischtuch. Aber ich male keinen Kreis – ich ziehe eine Linie. Dann nehme ich das Geld und werfe es nach oben. Alles was auf die linke Seite fällt, zum Herzen hin, ist für die Kirche, was rechts herunterfällt ist für mich.‹

Danach der Rabbiner: ›Aber meine Brüder, warum so viele Arbeit mit Kreis und Linie, ich nehme die Kollekte über den Tisch, werfe sie nach oben – alles was oben bleibt ist für IHN, was herunter kommt, ist für mich!‹«

Empfang in der Handelsvertretung der DDR in Mexiko: Rudolf Herz (2.v.r.), neben ihm seine Frau Margot. Im Gespräch: Handelsrat Heinz Löhn mit einem mexikanischen Marineoffizier; 1970

Gut kamen auch selbstironische Witze anderer Landsmannschaften an. »Vor einer Meisterschaft im Fallschirmspringen wurde gemeinsam trainiert. Der Teilnehmer aus der DDR, der aus Mexiko und der aus den USA stiegen in eine kleine Maschine für einen Probesprung. Plötzlich rief der Pilot: ›Wir haben Probleme, ihr müsst sofort springen, sonst stürzen wir ab.‹

Erschreckt stellten die Männer fest, dass nur zwei Fallschirme an Bord waren. Was tun? Der DDR-Bürger hatte sich als Erster gefasst und sagte dem Amerikaner: ›Du als Vertreter der größten Nation musst überleben – hier nimm den Schirm und spring.‹ Der Amerikaner griff wie selbstverständlich nach dem Paket und sprang.

Danach sagte der DDR-Springer zu dem Mexikaner: ›So, amigo, jetzt nimmst du den einen Schirm und ich nehme den anderen und dann nichts wie raus hier!‹

Darauf der Mexikaner verdutzt: ›Hey, ich denke, wir haben nur zwei Schirme?‹

›Haben wir auch. Dem Ami habe ich meinen Rucksack gegeben!‹«

Die Nationalitäten kann man natürlich variieren, zum Beispiel geht auch ein Sachse, ein Mecklenburger und ein Bayer. Oder ein Deutscher, ein Amerikaner und ein Russe ... Entscheidend ist in jedem Falle, *wen* man zum Deppen macht.

Im Oktober 1968 fanden in Mexiko die Olympischen Spiele statt. In der DDR besaß der Sport einen sehr hohen gesellschaftlichen Stellenwert. Internationale Wettkämpfe verschafften der DDR jene Anerkennung, die ihr politisch verweigert wurde. Deshalb hießen die Sportler daheim »Diplomaten im Trainingsanzug«. Die Bundesrepublik (und ihre Verbündeten) isolierte die andere deutsche Republik, gemäß der Hallstein-Doktrin wurde Drittstaaten Sanktionen angedroht, sollten sie die DDR diplomatisch anerkennen oder Geschäfte mit ihr machen. Bis dato mussten die Sportler aus den beiden deutschen Staaten bei den Olympischen Spielen in einer gemeinsamen Mannschaft antreten, wozu es vorher entsprechende Ausscheidungs- und Nominierungswettbewerbe gegeben hatte. Erstmals nun durfte die DDR mit einer eigenen Mannschaft starten, wenngleich ohne eigene Flagge und Nationalhymne. Trotz dieser Einschränkungen landete die DDR – ich greife vor – in der Nationenwertung in Mexiko mit 25 Medaillen auf Platz 5.

Gegenüber der Olympiadelegation der DDR stellten wir drei Außenhändler mit unseren Frauen eine unbeachtliche Größe dar. Wir wurden jedoch in den Tross mit eingebunden, weil wir Sprach- und Ortskenntnisse besaßen. So erhielten wir auch einen kleinen Einblick in das hektische Treiben und die Aktivitäten hinter den Kulissen.

Mit den Spielen in Mexiko verbanden die DDR-Oberen und Sportfunktionäre hohe Erwartungen. Ernüchterung setzte ein, als der Kandidat für die erste Goldmedaille, der 10.000-Meter-Läufer Jürgen Haase, Europameister von 1966, schon nach wenigen Metern Seitenstechen bekam und aufgab.

Die erste Medaille wurde am nächsten Tag nur eine silberne, aber das Edelmetall reichte aus, um den Druck und die Spannung in der Mannschaft zu mindern. Danach ging es Schlag auf Schlag. Die Ruderer räumten viele Medaillen ab. Christoph Höhne kam nach 50 km zehn Minuten vor allen anderen Gehern in das Stadion. Margitta Gummel holte mit 19,61 Metern im Kugelstoßen den Weltrekord und eine Goldmedaille.

Die Namen der Sportler der DDR waren in aller Munde, auch in Mexiko.

Ein solches Ereignis, das Kräftemessen der Sportler aus aller Welt, löste auch unter der Jugend des Gastlandes Begeisterung aus. Sichtbar wurde das im Umfeld des Olympischen Dorfes. Dort tummelten sich Hunderte junge Mexikaner, um mit den Sportlern aus aller Welt ins Gespräch zu kommen und Autogramme, Abzeichen oder Wimpel zu ergattern oder um Souvenirs zu tauschen und dergleichen. Der Rummel auf dem Vorplatz der Anlage entwickelte bald eine Eigendynamik. Auch die Athleten hatten herausgefunden, dass man dort manch vorteilhaften Tausch machen konnte. Besonders begehrt waren die von der mexikanischen Staatsbank geprägten Olympiamünzen. Sie wurden zwischen 25 und 40 US-Dollar gehandelt oder getauscht.

Das war auch für die Sportler viel Geld und blieb für viele nur ein Traum. Besonders für die Athleten aus der DDR. Sie konnten auch nicht mit attraktiven Emblemen, Abzeichen oder anderen Utensilien aufwarten. Daran wurde ebenfalls bei uns gespart. Aber wenn ein Bedürfnis erst einmal geweckt ist, findet der Mensch auch Mittel und Wege, um es zu befriedigen. Das emsige Treiben machte natürlich auch die Offiziellen neugierig – und sie waren entsetzt, als dort Knöpfe der DDR-Olympiakleidung kursierten. Auch sah man einen Mexikaner, der voller Stolz eine DDR-Trainingsjacke trug.

Die Bekleidung der DDR-Athleten und Offiziellen war maßgeschneidert, und in jedem Teil war der Name des Besitzers verewigt. So war es ein Leichtes, den ehemaligen Besitzer der Sportjacke zu ermitteln: Sie gehörte einem Athleten aus der bislang glücklosen Reitergruppe.

Um den Triumph auszukosten, aber vielleicht auch, um ein Exempel zu statuieren, wurde die ganze Reitermannschaft am Abend zusammengerufen. Doch siehe da – der namentlich bekannte Delinquient trug eine

Jacke. Wie sich zeigte, hatte er sie sich bei einem anderen Sportler ausgeliehen. Das machte den Skandal nun zu einem doppelten.

Außerdem stellte man das Fehlen von Knöpfen fest.

Doch entgegen der Befürchtung, dass die Mannschaftsleitung mit dem ehrgeizigen Manfred Ewald an der Spitze nun ein großes Fass aufmachen würde, passierte genau das nicht. Der Chef de Mission und die anderen Verantwortlichen hielten den Ball flach und erinnerten sich plötzlich einer Kiste, die mit nach Mexiko gekommen, aber irgendwie vergessen worden war. Darinnen waren die von Sportclubs und Vereinen, Trainingszentren, Kinder- und Jugendsportschulen (KJS) und anderen Einrichtungen zusammengetragenen Abzeichen, Anstecker, Aufnäher und Wimpel. Nun wurde nachgeholt, was man bisher versäumt hatte. Den Sportlern wurden die Taschen mit solchen Tauschwaren gefüllt, so dass sie den Sportlern der anderen Mannschaften nun nicht mehr nachstanden.

In Mexiko vertrat ich auch den Außenhandelsbetrieb TAKRAF. Das Land plante, seine Häfen zu modernisieren. So knüpfte ich Kontakte zu den dafür zuständigen Institutionen, zum Marineministerium, der staatlichen Handelsflotte, den Hafenverwaltungen usw. Der Außenhandelsbetrieb TAKRAF hatte schon verschiedene brasilianische Häfen mit Hafenkränen ausgerüstet, so dass wir gute Referenzen und Aussichten hatten, auch auf den mexikanischen Markt zu kommen. Verschiedene Expertengruppen des Außenhandelsbetriebes und vom Kranbau Eberswalde kamen nach Mexiko, um unsere Exportprogramm an Hafenausrüstungen vorzustellen und sich einen Überblick über den aktuellen Zustand der mexikanischen Häfen zu verschaffen.

Mit einer dieser Delegationen besuchte ich den damals zukunftsträchtigen Hafen Tampico am Golf von Mexiko. Tampico selbst war eine eher unbedeutende Stadt. Anfang des Jahrhunderts, nach der Erschließung der umliegenden Ölfelder, war sie zeitweise der wichtigste Ölhafen der Welt, was beim Anblick der Anlagen kaum vorstellbar war. Der Flusshafen bestand aus einer langen Hafenmauer, einem uralten Dampfkran und eine paar Förderbändern. Größere Schiffe konnten nicht einlaufen, die Fahrrinne des Flusses war nicht tief genug. Sie veränderte sich zudem durch Ablagerungen.

Der Kai war uralt und hätte selbst dem leichtesten Kran kein ausreichendes Fundament geboten.

Wir waren sehr ernüchtert.

Trotzdem nutzten unsere Techniker, der Technische Direktor und ein Verkaufsingenieur vom VEB Kranbau Eberswalde den Besuch, um Ausrüstungsvarianten vorzustellen. Die Gespräche in einem Hafengebäude zogen sich stundenlang hin. Beide Seiten zeigten Wissen und Kompetenz und versuchten, davon die andere Seite zu überzeugen. Von den Latinos kannte ich das schon, aber unsere eitlen DDR-Dienstreisenden überraschten mich, was sie alles unternahmen, um einen nachhaltigen Eindruck zu hinterlassen.

Ich kannte die Sachlage sehr gut und damit auch die mittelfristig aussichtslose Perspektive. Es war nur zeitraubendes Palaver, das ich zudem auch noch übersetzen musste. Weder die Reisekader noch die Mexikaner sprachen Englisch.

Die Anstrengungen der Reise, der Umtrunk am Abend zuvor und die tropische Hitze forderten ihren Tribut auf beiden Seiten. Die Redner konnten sich erholen, so lange ich übersetzte – ich hingegen hatte nie Pause, denn während der eine schwieg, musste ich darauf hören, was der andere erzählte, um es anschließend

TAKRAF Hafenkräne aus Eberswalde, Ende der 50er Jahre entworfen als studentische Diplomarbeit an der Kunsthochschule Berlin-Weißensee, produziert in Eberswalde

zu übersetzen. Ich arbeitete im Wortsinne also für zwei. Irgendwann konnte ich nicht mehr. Da half auch der starke Kaffee nicht. Ich beendete die »Verhandlung« abrupt. Zu meiner Überraschung quittierten alle den Vorschlag mit Erleichterung.

Das Thema Hafen war abgehakt.

Nun begann der touristische Teil.

Man fuhr mit uns den Fluss entlang bis an den Sandstrand am Golf. Zur Überraschung der Gastgeber nutzten die beiden TAKRAF-Deutschen aus dem kühlen Europa die Gelegenheit nicht, ins warme Wasser zu springen. Sie lehnten es ab – vermutlich wegen der Haie. Außerdem war das Meer noch immer unruhig. An den Tagen zuvor war ein Sturm durch den Golf von Mexiko gezogen, die Wellen wurden noch vom Wind getrieben und schäumten mit weißen Kämmen. Ziemlich weit draußen trieb eine Öltonne.

Die Mexis scherzten. Für einen Drink versprach ich, die Tonne herauszuholen. Sie willigten lachend ein.

Die Distanz war weiter als gedacht. Aber ich schaffte es und brachte das Fass an den Strand. Ich ging ein zweites Mal ins Wasser. Draußen hatte ich gesehen, dass auf den Wellen kleine Ballons schwammen, die bunte Fäden hinter sich herzogen. So eine wollte ich mir holen.

Als ich zugriff, spürte ich einen Schlag, als hätte ich eine elektrische Leitung berührt. Und die Hand brannte sofort, als hätte ich eine glühende Kohle angefasst. Mir tränten die Augen vor Schmerz, der Arm verkrampfte sich zeitweise. Als die Mexis mich so sahen, erinnerten sie sich pötzlich, dass dort draußen nicht nur Haie, sondern auch Feuerquallen unterwegs waren – in eine solche hatte ich wohl gegriffen. Was denn dagegen zu machen sei, fragte ich. Ich solle auf die Verätzungen pinkeln, sagte einer der Mexikaner. Pisse würde helfen.

Ich glaubte, dass dies eine Legende war, denn danach tat sich nichts. Die Haut brannte weiter wie Feuer.

Nach dem Abendessen in der kühlen Tropennacht luden die Mexikaner zum Besuch einer Hafenbar ein. Der Vorschlag machte die Kranbauer hellwach. »Rudi, du kommst doch mit?« Das hieß, sie wollten auf meine Dolmetscherdienste nicht verzichten.

Ich versicherte ihnen, dass die dort tätigen Mädchen alle Sprachen dieser Welt beherrschten und meine Dienste nicht nötig seien. Ich sprang in das kühle Wasser des Pools, was mir guttat, dann nahm ich an der Bar noch einen Cocktail und legte mich ins Bett. Wider Erwarten schlief ich fest und sehr lange, die Schmerzen hielten jedoch noch einige Tage an.

Seit dieser Begegnung im Golf von Mexiko mache ich um alle Quallen, selbst um die harmlosen in der Ostsee, einen Bogen. Und nach Tampico würde ich nicht mehr fahren, auch wenn es heute heißt, dass die etwa 300.000 Menschen zählende Stadt den modernsten Hafen Mexikos habe.

Als Mitarbeiter der *Oficina Comercials der la RDA*, des Handelsbüros der DDR, nahm ich auch Kontakt auf zu David Alvaro Siqueiros. Der weltbekannte Maler und Kommunist war der letzte Vertreter des Muralismo, der monumentalen Wandmalerei, und bereits

Anfang Siebzig, als ich ihn zum ersten Mal traf. Er hatte zwar keinen politischen Einfluss, den wir hätten gebrauchen können, aber Siqueiros war eine imposante, beeindruckende Persönlichkeit, an der man sich aufrichten und festmachen konnte. Er hatte die DDR wiederholt besucht, und seine Zuneigung zu unserem Land gründete nicht zuletzt auf der Solidarität. Der Maler war von 1960 bis 1964 wegen seiner Gesinnung inhaftiert gewesen, und die Jungen Pioniere aus der DDR schickten ihm Briefe, Fotos und Basteleien nach Mexiko ins Gefängnis.

Siqueiros lebte in Cuernavaca, einem ausgedehnten Tal auf einer Höhe von etwa tausend Metern mit einem ausgeglichenen angenehmen Klima. Dort, im »ewigen Frühling«, besaßen viele reiche Hauptstädter eine Finca, die sie an den Wochenenden aufsuchten und die einschlägigen Märkte, die öffentlichen Bäder und Restaurants besuchten.

Siqueiros fand mich vom ersten Tage an sympathisch und nannte mich *pionero*, vermutlich wegen der Post, die er damals aus der DDR bekommen hatte. Ich hatte mich, um nicht gänzlich unwissend vor ihn zu treten, mit der Geschichte des Muralismus, seinen bekannten Vertretern und deren Werke vertraut gemacht. Vor allem aber mit dieser schillernde Persönlichkeit der revolutionären Weltbewegung Siqueiros. Als überzeugter Kommunist und aktiver Gewerkschaftsfunktionär hatte er als Offizier im spanischen Bürgerkrieg gegen die Faschisten gekämpft, er war glühender Anhänger der Oktoberrevolution und bekennender Stalinist. Im Westen wurde er als dogmatischer Propagandamaler, als verhinderter Trotzki-Attentä-

David Alvaro Siqueiros im Gespräch mit Heinz Löhn, Handelsrat der DDR im Mexiko, 1970

ter und als unbelehrbarer Kommunist und Störenfried geschmäht. Zu jener Zeit war er der wichtigste Sponsor der eher unbedeutenden KP Mexikos.

Seine monumentalen Werke waren und sind bis heute nicht zu übersehen. Das bekannteste Werk ist wohl das riesige Wandbild »Der Marsch der Menschheit auf der Erde und in Richtung des Kosmos« in Polyforum Cultural Siqueiros in Mexico City, an dem er noch bis 1971 arbeiten sollte. Er beschäftigte sich damit seit 1965, ich konnte die ersten Teile im Atelier sehen.

Auch Walter Womacka, der deutsche Maler und Künstler, besuchte Siqueiros in Mexiko, um sich von ihm inspirieren zu lassen. Ich begleitete ihn dabei nach Cuernavaca.

Über diese Geschichte berichtete Womacka in seiner Autobiografie *Farbe bekennen*: »Ulbricht verfolgte eigenständig bestimmte Entwicklungen selbst auf jenen Gebieten, die eigentlich nicht unbedingt als die zentralen der Gesellschaft galten. Im Vorfeld des VIII. Parteitages war der inzwischen 77-jährige Ulbricht an die Bauakademie gekommen, um im kleinen Kreis von Fachleuten über die Entwicklung der Architektur zu diskutieren. Es ging an diesem 10. Juli 1970 natürlich auch um Kunst am Bau. Ulbrich meinte, wir sollten Siqueiros in die DDR einladen. Der müsse mal etwas für uns machen.

›Das trifft sich gut‹, warf ich ein. ›Ich habe vor acht Tagen eine Einladung aus Mexiko erhalten.‹ Siqueiros hatte über unsere Handelsvertretung Werner Heynisch *(Präsident der Bauakademie – R. H.)* und mich sowie unsere beiden Frauen gebeten, ihn einmal zu besuchen. (In seinem Schreiben hatte Siqueiros Bezug genommen auf seine Reise Anfang des Jahres durch die DDR – ›unser Deutschland, wie ich es nenne‹. Er dankte darin für die Aufmerksamkeit, die ihm zuteil geworden war. ›Ich kehrte zurück mit der Überzeugung von den großen Anstrengungen, welche unternommen wurden, um Ihr Land in eine sozialistische Gesellschaft zu verändern und auch vom Erfolg, welchen Sie verzeichnen können. Hierüber sprach ich auf einer Koferenz in der Kunstakademie.‹)

›Na, dann fahren Sie doch hin‹, sagte Ulbricht

Das taten wir. Und zwar Mitte Januar 1971.

Siqueiros hatte in Mexico City ein großes Presseaufgebot auf den Flugplatz beordert, das unsere Ankunft publik machen sollte. Doch der Große Bahnhof fiel aus – weil der Flug über den Großen Teich länger dauerte als geplant«, so Walter Womacka. »Siqueiros und unsere Handelsvertretung bemühten sich in den nächsten Wochen sehr um uns. Wir bereisten das Land von Ost nach West, von Nord nach Süd. Wir sammelten Eindrücke ohne Ende.

Der sehr vitale Siqueiros, hochbetagt und nur wenige Jahre jünger als Ulbricht, fühlte sich geehrt, einen Auftrag der DDR zu übernehmen. Er sprach mit Hochachtung von unserem Land und seinen Leistungen. Besonders schien ihn der Fasching an unserer Hochschule in Weißensee begeistert zu haben. Er schwärmte noch immer davon. Die fantasievollen Dekorationen und Kostüme der Studenten empfand er als Kunstwerke, denen er heftig Beifall zollte.

Wir hatten vor unserer Abreise in Berlin mehrere Varianten diskutiert. Als Standort für ein Monumentalbildwerk, das Siqueiros im nächsten Jahr in der DDR-Hauptstadt realisieren sollte, wurde der Friedrichshain bestimmt: Im Ensemble von Lenin-Platz, Café im Friedrichshain, dem Denkmal für die deutschen Spanienkämpfer sowie dem Denkmal des polnischen Soldaten und deutschen Antifaschisten sollte auf einer freistehenden Wandfläche von etwa 300 Quadratmetern Größe ein Bild von ihm geschaffen werden. Thema: Internationalismus und Solidarität. Parallel dazu sollte Siqueiros während eines achtwöchigen Aufenthaltes Seminare, Werkstattgespräche und Kolloquia bestreiten. Alles in allem, Material eingeschlossen, waren rund 750.000 Mark für das Projekt veranschlagt. Wir gingen ferner davon aus, dass Siqueiros seinen Entwurf im Maßstab 1:10 in Mexiko ausführte und die Realisierung in der DDR von einheimischen Künstlern unter Autorenkontrolle erfolgte.

Siqueiros nahm das Angebot freudig an. Ich übergab sein Antwortschreiben am 7. Februar 1971. ›Sehr geehrter Genosse Ulbricht‹, schrieb David Alfaro Siqueiros. Er danke für die Einladung und werde ihr gern nachkommen. ›Es ist mir eine große Freude, mit Ihnen über die Möglichkeit zu sprechen, in Zusammenarbeit mit Künstlern unseres Deutschlands ein Werk zu schaffen.‹ Und der Mexikaner schloss mit bewegten Worten: ›Ich umarme Sie brüderlich und mit Ihrer Person das gesamte Volk des sozialistischen Deutschland. Meine besten Wünsche für einen vollen Erfolg der überaus wichtigen Anstrengungen, die unternommen werden.‹

Und auf die Grafik, die ich übergab, hatte er geschrieben: ›Dem Genossen Walter Ulbricht mit einem solidarischen Gruß an Ihr Volk, das in der Wissenschaft, in der Technik und bei der gesellschaftlichen Umgestaltung zu bewundern ist. D. A. Siqueiros, 1.2.1971.‹

Es kam jedoch zu keiner Zusammenarbeit mit Siqueiros. Das lag daran, dass Walter Ulbricht nicht mehr da war.« Es hatte einen Wechsel an der Parteispitze gegeben, Ulbricht war noch Vorsitzender des Staatsrates, aber Honecker interessierte sich nicht für die Kunst und auch nicht für Siqueiros. Womacka berichtete, dass er nach seiner Rückkehr aus Mexiko Ulbricht drei Stun-

Wandbilder von Siqueiros in Mexiko-City, 1970

den lang Dias in seinem Büro im Staatsrat gezeigt habe. Vermutlich werde ich auf etlichen dieser Fotos zu sehen gewesen sein.

Einmal kam eine DDR-Delegation, der Max Kahane angehörte, ein bekannter DDR-Journalist, jüdischer

Kommunist und Interbrigadist in Spanien. Er bat darum, einen Besuch bei Siqueiros zu organisieren. Kahane begründete den Wunsch damit, dass seine Frau Doris eine bekannte Malerin in der DDR sei. Ihre Zeichnungen aus der Zeit ihrer Inhaftierung in Nazilagern und ihrer Emigration würden in Ausstellungen zu sehen sein. Meine Hochachtung wuchs, je mehr er sie lobte. Er freue sich schon auf die Begegnung mit dem großen Meister, sagte er. Diese fand auch statt.

Siqueiros strotzte vor Selbstbewusstsein und war nicht frei von theatralischem Talent; er wusste sich in Szene zu setzen. In scheinbar endlosen Monologen demonstrierte er Fantasie, mit historischen Fakten nahm er es aber nicht so genau. In den kurzen Pause, in denen ich übersetzte, interpretierte ich das, was ich genau

Siqueiros (Mitte) beim Besuch in Berlin. Links Walter Womacka, rechts Werner Heynisch, Präsident der Bauakademie der DDR

wusste und den Beteiligten zumuten konnte. Der Maler verstand ja kein Deutsch.

Nun brachte mich Max Kahane in Verlegenheit. Er nahm mich zur Seite und machte mich mit seinem eigentlichen Anliegen vertraut. Er wisse über Siqueiros sehr wenig, der Besuch erfolge ausschließlich auf Drängen seiner Frau. Sie möchte, dass er herausfinde, nach welchen Rezepten Siqueiros seine Farben herstelle. Ich vermutete: um die Rezepte selbst zu verwenden. Mir war die Leistungsfähigkeit der DDR-Farbenindustrie bekannt und folglich auch deren Grenzen. Da konnte es schon sein, dass die Qualität der DDR-Künstlerfarben den Anforderungen der DDR-Künstler nicht genügte.

Fast am Schluss unseres Besuches stellte ich dann doch Kahanes Frage, die mir peinlich war. Siqueiros grinste verschmitzt. Auf die umherstehenden Tafeln weisend sagte er, es gebe da überhaupt keine Geheimnisse. Nach vielen Tests arbeite er nur noch mit französischen Schiffsfarben. Er bestelle und bekomme sie in Fässern geliefert. Dort drüben stehen einige, sagte er und wies mit dem Arm die Richtung. Die Firma und die Adresse könne Kahane gern abschreiben.

Und auch diese Farben teste er weiter, setzte Siqueiros fort. Seit einigen Jahren stünden Gestelle mit Stahlplatten hoch oben auf dem Popocatépetl in der pralle Hochgebirgssonne, bei Wind und allen Wettern. Ein zweiter Satz sei den Wassern des Pazifiks ausgesetzt, in den Klippen bei Acapulco seien die Platten mit der aufgetragenen Farbe verankert. An beiden zeige sich bisher keinerlei Verschleiß, sagte Siqueiros stolz, was bedeutete: seine Werke würden Jahrhunderte überstehen. Restauratoren, die sich lebenslänglich an den Bildern bekannten Künstler in Museen und Sammlungen aufhielten, hätten an seinen Werken nichts zu tun, grinste Siqueiros.

Kahane steckte den Aufkleber von einem Farbenfass ein.

Militärputsch in Chile 1973 und die DDR-Aufklärung

Am 11. September 1973 stürzte in Chile die Offizierskamarilla unter General Augusto Pinochet die Regierung der Unidad Popular, also ihren Dienstherrn. Der Militärputsch war ein von den USA und ihrem Geheimdienst CIA langfristig konzipierter und sorgfältig geschürter terroristischer Akt. Die USA wollten ihre Hegemonie in Lateinamerika, das sie als ihren Hinterhof betrachteten, sichern.

Das chilenische Militär bombardierte und stürmte den Regierungspalast in Santiago, die Moneda. Präsident Salvador Allende fand dabei den Tod. Seine Anhänger, Regierungsmitglieder, Funktionäre und Sympathisanten wurden gejagt, gefangen gesetzt und in Kasernen und Gefängnisse verschleppt, gefoltert und viele von ihnen ermordet. Die lateinamerikanischen Botschaften, die den Flüchtenden politisches Asyl gewährten, waren in kurzer Zeit überfüllt. Tausende politische Regierungsfunktionäre, Staatsangestellte, Mitglieder linker Parteien tauchten unter und nahmen aus ihren Verstecken heraus Kontakt zu diplomatischen Vertretungen auf. Sie baten um politisches Asyl.

Vor und in den überfüllten Botschaftsgebäuden spielten sich dramatische Szenen ab. Die diplomatischen Vertretungen waren von Militärs umstellt. Es kam niemand mehr hinein oder heraus. Jeder, der sich einer Botschaft verdächtig näherte, wurde festgenommen. In den überfüllten Häusern herrschten chaotische Zustände. Die Menschen schliefen auf Fußböden, auf den Fluren und Treppen. Es gab wenig zu essen und zu trinken, Toiletten und Bäder verstopften.

Alle Stadtteile Santiagos wurden militärisch durchkämmt und kontrolliert. Besonders in den Arbeiter- und Armenvierteln fanden Razzien und gezielte Verhaftungen statt. Es wurde auf jeden geschossen, der verdächtig erschien. Es wurden Sperrstunden (*Toque de queda*) verhängt.

Besonders der neu gebildete Geheimdienst DINA erlangte unter seinem Führer, General Manuel Contreras, finsterste Berühmtheit. Die Sportstadien waren zu riesigen Gefängnissen umfunktioniert worden. In Valparaiso wurden die Gefangenen in stillgelegten Frachtschiffen und leeren Containern eingesperrt. Täglich schwammen Leichen von ermordeten UP-Aktivisten im Mapocho-Fluss. Vor der Küste wurden Gefangene aus Hubschraubern ins Meer geworfen. In jeder Nacht wurden Tote in die städtischen Leichenkammer gebracht, die am anderen Tage von den verzweifelten Angehörigen identifiziert wurden.

In den ersten achtzehn Tagen nach dem Putsch wurden etwa 15.000 Chilenen ermordet, in Santiago allein fast 6.000 …

Die erst knapp zwei Jahre alte Botschaft der DDR in Santiago befand sich in der Avenida El Golf Nr. 34 im vornehmen Stadtteil Las Condes unmittelbar neben der

Hauptstraße Apoquindo. Die diplomatische Vertretung bestand aus drei Objekten: der Botschaft, einer Stadtvilla, der Residenz und der Schule für die Kinder der DDR-Community in Santiago, die seit 1970 deutlich gewachsen war.

Man war auf einen Militärputsch vorbereitet, jedoch kam er für alle überraschend. Die DDR-Familien und -Dienstreisenden im Lande wurden zur Sicherheit in der Botschaft konzentriert. Dazu bestand aller Grund: Einige Techniker von DDR-Exportbetrieben, die in chilenischen Einrichtungen tätig waren, wurden von den Militärs als *extremistas* festgenommen und in Kasernen interniert. Der beherzte Einsatz unseres Konsuls Horst Richel und Jürgen Scheichs, des Korrespondenten von *Radio Berlin International*, holte sie aus dem Gefängnis.

Die Wohnungen vieler Botschaftsangestellten wurden aufgebrochen und durchsucht, so unter anderem die Wohnung von Dieter Wolf, der seit 1972 im Rahmen eines internationalen, von der UNO getragenen Forschungsvorhabens im Kupferbergbau arbeitete. Die Wohnung der Wolfs befand sich im zentral gelegenen Stadtteil San Borja in einem Hochhaus. Tage nach dem Putsch – sie hatten sich in die Botschaft gerettet – kehrten Wolf und seine Frau in ihre Wohnung zurück. »Auf der Wohnungstür stand mit Kreide geschrieben ein großes R für ›Revisado‹. Aber das Militär hatte die Wohnung nicht nur kontrolliert, sondern geplündert: Der Kühlschrank war leergeräumt, alle Schallplatten und Bücher verschwunden und vermutlich auf einem der großen Scheiterhaufen zwischen den Hochhäusern gelandet, mit denen die Junta wie ihre Geistesverwandten 40 Jahre zuvor in Deutschland ihre Vorstellungen vom ›Kampf gegen den Marxismus‹ demonstrierte. Beim Einpacken unseres verbliebenen Eigentums stießen wir noch auf ein MPi-Geschoss, das die Außenwand der Wohnung durchschlagen hatte und in einer Schranktür steckengeblieben war. Wir hatten also Glück gehabt, dass wir bereits in Sicherheit waren, als die Junta-Soldaten auf der Suche nach ›subversiven Elementen‹, die sie in diesem Viertel unter den hier wohnenden zahlreichen Ausländern vermutete, ihre wütenden Razzien durchführte«, erinnerte sich Dieter Wolf später. »Am 26. September 1973 kehrten wir gemeinsam mit allen anderen DDR-Spezialisten aus dem Kupferbergbau und einem großen Teil der Mitarbeiter der Auslandsvertretung in einer Chartermaschine der KLM wohlbehalten in die Heimat zurück.«

Niemand, der damals in Chile tätig war und diese Ereignisse miterlebte, wird vergessen, mit welchem Hass, mit welcher Besessenheit und Brutalität die Soldateska wütete. Gleichzeitig wuchs aber auch die Hilfsbereitschaft und Solidarität gegenüber den verfolgten Chilenen. Die sozialistischen Länder Europas – Rumänien ausgenommen – brachen am 24. September die diplomatischen Beziehungen zu Chile ab. Die Junta hatte bereits am 12. September die Beziehungen zu Kuba und Nordkorea beendet.

Der erst einige Wochen zuvor akkreditierte Botschafter der DDR, Friedel Trappen, und die Diplomaten verließen in den darauf folgenden Tagen das Land. Eine kleine Restgruppe der Verwaltung, einige Außenhändlern und Techniker verblieben in Santiago de Chile. Den diplomatischen Schutz der DDR-eigenen Gebäude und Liegenschaften sowie der verbliebenen Restgruppe von DDR-Bürgern übernahm die Botschaft Finnlands.

Die spannende Frage lautete: Wusste die DDR-Aufklärung von den Plänen der CIA, mit Hilfe der chilenischen Reaktion die Allende-Regierung zu beseitigen?

Alfred Spuhler war eine unserer Quellen beim Bundesnachrichtendienst in Pullach. Er bekam Informationen aus Quellen des BND und dessen Partnerdienste in Chile auf den Tisch. Sie wurden von seinem Bruder Ludwig in die DDR-Hauptstadt weitergeleitet.

Das erste Indiz für einen gewaltsamen Kurswechsel war die Ermordung von General René Schneider, Oberbefehlshaber der chilenischen Streitkräfte seit Oktober 1969. Der deutschstämmige Militär hatte sich zur Verfassung bekannt und erklärt, dass das Militär loyal zu jeder demokratisch gewählten Regierung stünde. Deshalb wurde er beseitigt. Am 22. Oktober 1970 überfiel ihn ein von der CIA unterstütztes Killerkommando, drei Tage später – einen Tag nach der Wahl Allendes – erlag der General seinen Verletzungen. Nach später freigegebenen Dokumenten des US-amerikanischen Geheimdienstes war Präsident Nixons Sicherheitsberater Henry Kissinger in die Entführung des Generals verwickelt: Die US-Botschaft hatte Waffen ohne Kennung zur Verfügung gestellt. (Die Angehörigen Schneiders strengten 2001 in Chile eine zivile Klage wegen Mordes gegen Kissinger an. Der Friedensnobelpreisträger erschien jedoch zu keinem Gerichtstermin.)

Im Laufe des Jahres 1973 verdichteten sich die bedenklichen Informationen, dass die Militärs in Chile auf einen Sturz der Regierung Allende hinarbeiteten. Bereits seit November 1972 wurden von den Geheimdienstes des Heeres, der Marine und der Luftwaffe Listen mit den Namen von Personen vorbereitet, die liquidiert werden sollten. An der Erstellung dieser Listen waren sowohl Mitarbeiter der brasilianischen Botschaft in Santiago als auch Nachrichtendienstler des *US Southern Command*, der Südlichen Kommandozentrale der US-Streitkräfte in Panama, aktiv beteiligt. Es sollten »die Motoren des Marxismus« ausgeschaltet werden, wie die chilenischen Militärs die geplanten »Säuberungen« nannten.

In der zweiten August-Hälfte 1973 kam eine Nachricht »aus sicherer Quelle« auf Spuhlers Tisch in Pullach, die für die Bundesregierung in Bonn bestimmt war. Ohne Angabe eines Termins hieß es darin, dass in Chile ein Militärputsch unmittelbar bevorstünde. Umgehend traf sich ein HV A-Verbindungsmann mit den Gebrüdern Spuhler in Tirol. Er beförderte Ende August die von ihnen angefertigte Fotokopie dieses BND-Dokuments in die Zentrale der DDR-Auslandsaufklärung nach Berlin. Präsident Allende und KP-Chef Corvalan bekamen Anfang September über Parteikanäle diese Informationen übermittelt.

Daraus ging hervor: a) Im chilenischen Generalstab stand die Mehrheit *gegen* die Regierung der Unidad

Popular, und b) es existierten überzeugende Hinweise auf Umsturz-Pläne der CIA.

Am 26. Juli war Allendes Marineadjutant, Kapitän Arturo Araya Peters, auf seinem Balkon von Mitgliedern der 1971 gegründeten faschistischen Terrororganisation *Patria y Libertad* (PyL) erschossen worden ...

Solche und andere Tasachen ließen massive Zweifel an der Verfassungstreue der chilenischen Militärs aufkommen. Präsident Allende und KP-Chef Corvalan sahen das offenkundig nicht so. Sie schätzten offenkundig die Lage falsch ein und wurden in gewisser Weise vom Putsch am 11. September 1973 überrascht.

Der ursprüngliche Plan der CIA und Pinochets sah den Staatsstreich in der ersten Septemberwoche vor. Allende sollte in jener Zeit in Algier weilen, um an einer Konferenz der blockfreien Staaten teilzunehmen. Wegen der angespannten innenpolitischen Situation in Chile sagte der Präsident jedoch seine Teilnahme ab. Daraufhin legten die Putschisten einen neuen Termin fest: 11. September.

Der BND hatte, wie wir von den Spuhlers wussten, Kenntnis von den Putschplänen. Ob Pullach jedoch das Bundeskanzleramt darüber informierte, ist bis heute unbekannt. Wahrscheinlich tat Pullach es nicht, weil man davon ausgehen kann, dass Bundeskanzler Willy Brandt als Vorsitzender der SPD die Genossen in Chile gewarnt hätte. Die Partei Allendes gehörte der Sozialistischen Internationale an (deren Vorsitzender Brandt von 1976 bis 1992 war).

Auf der anderen Seite:

Es gibt eine Aussage Egon Bahrs, des Vertrauten von Willy Brandt. Der hatte in einem Interview mit dem *Kölner Stadtanzeiger* am 15. Februar 1981 erklärt: »Wir haben damals in gehöriger Form der amerikanischen Regierung gesagt, dass wir die Operation der CIA zur Beseitigung des Präsidenten nicht für richtig halten.«

Was hieß »damals«? *Vor* oder *nach* dem 11. September 1973?

Wenn Bonn *vor* dem Putsch Washington die Ablehnung signalisiert hatte, wusste das Bundeskanzleramt von den Plänen, hatte also der BND informiert. Und obendrein zeigte es einmal mehr, dass die USA nicht die Spur daran interessiert war, was der Rest der Welt einschließlich der Verbündeten über ihre Politik dachten – sie nahmen darauf keine Rücksicht.

Wenn die interne Kritik aus Bonn jedoch erst *nach* dem Staatsstreich erfolgt sein sollte, spricht das eher für die Vermutung, dass das Bundeskanzleramt nicht vom BND informiert worden war.

Aber das ist vergossene Milch. Es bleibt ein Faktum, dass sowohl im Bonner Regierungs- und im Oppositionslager als auch in der westdeutschen Wirtschaft sehr viele die antikapitalistische Entwicklung in Chile seit 1970 äußerst kritisch verfolgten. Nicht wenige der (west-)deutschen Eliten standen der UP feindlich gegenüber – während sie auf der anderen Seite das rassistischen Apartheid-Regime in Südafrika und der Aggression der USA in Vietnam loyal und nachsichtig beurteilten.

Am Morgen des 11. September 1973, Punkt sechs Uhr, setzte jedenfalls das Oberkommando der chilenischen Streitkräfte etwa 100.000 Mann in Bewegung, um die wirtschaftlichen, politischen und sozialen Zentren des Landes zu besetzten. Dem »Unternehmen Beta« fielen in den nächsten Srunden etwa dreitausend Chilenen zum Opfer, denn nicht alle ergaben sich sofort.

Der Widerstand ließ auch den Vollzug des Befehls verzögern, den Präsidentenpalast zu besetzen. Der Sturm auf die Moneda war um 9 Uhr begonnen worden, er sollte nach zwei Stunden beendet sein. Geplant war ferner, dass Präsident Allende in die Kaserne des 2. Panzerregiments gebracht werden sollte. Dann hätte man um 13 Uhr die Meldung verbreitet, dass der erste Mann des Landes Hand an sich gelegt habe – »ein tragischer Selbstmord des Präsidenten in einem unbewachten Augenblick« lautete die vorbereitete Formulierung.

Allerdings erwehrten sich die 42 Mann (einschließlich Allende) in der Moneda fast fünf Stunden des Angriffs von zweihundert Soldaten, acht Panzern und zwei Kampfflugzeugen, die achtzehn Raketen auf den Präsidentenpalast abfeuerten.

General Javier Palacios Ruhman, der den Angriff befehligt hatte, inspizierte nach der Einnahme des Palastes den toten Präsidenten und meldete über Funk militärisch kurz an Pinochet: »Auftrag ausgeführt. Moneda genommen. Präsident tot.«

Darauf der Oberbefehlshaber der Putschisten: »Wie sieht die Leiche aus?«

Palacios: »Schlimm.«

Pinochet: »»Sorgen Sie dafür, dass niemand sie sieht. Warten Sie weitere Befehle ab.«

Porträt des ermordeten Präsidenten. Walter Womacka gehörte zu den ersten DDR-Künstlern, die auf den Putsch reagierten. 1973/74 entstanden zwölf Bleistiftzeichnungen unter dem Titel »In Chile herrscht Ruhe«

Palacios ließ den Raum versiegeln und postierte Wachen vor der Tür.

Die Putschisten hatten sichtlich Probleme, mit dieser Tatsache umzugehen, ihr Plan sah anderes vor. Sie wollten Herr des Geschehens sein und folglich auch die Information steuern, wie Allende gestorben war. Das ging nun nicht mehr. Sie brauchten einen Tag, um sich über das weitere Vorgehen zu verständigen und entschieden, den Weg über die ausländische Presse zu gehen. Über Korrespondenten wurde die Meldung in der internationalen Presse lanciert, dass Allende in seinem Amtssitz Selbstmord begangen habe. So erreichte die Chilenen die Nachricht vom Tod ihres Präsidenten aus dem Ausland.

Bei der Waffe, mit der er sich angeblich zwei Kugeln in den Kopf geschossen hatte, sollte es sich um eine Kalaschnikow gehandelt haben, die ihm einst Fidel Castro geschenkt hatte. (Das letzte Foto des Präsidenten zeigte ihn mit ebenjener AK-47.)

Diese Waffe wurde allerdings nie gefunden.

Die gerichtsmedizinische Untersuchung von Allendes Leichnam nach seiner Exhumierung 2008 bewies zwar, dass der Präsident tatsächlich zwei Mal in den Kopf getroffen worden ist, zwei Mal sogar aus der gleichen Waffe. Aber dass er die Waffe selbst gegen sich gerichtet hatte, beweist dies nicht.

Zwölf Tage nach dem Putsch starb der Freund Allendes, der Literaturnobelpreisträger Pablo Neruda. Die Putschisten verbreiteten die Meldung, dass der 69-Jährige einem Krebsleiden erlegen sei. Sein Fahrer jedoch be-

Pablo Neruda. Aus dem Zyklus »In Chile herrscht Ruhe«

richtete später, dass Neruda am Tag vor seiner Ausreise nach Mexiko eine Injektion verabreicht worden sei. Eine internationale Expertenkommission, die Nerudas exhumierten Leichnam untersuchte, teilte im Februar 2023 mit: Neruda sei eine giftige Substanz gespritzt worden. Die Wissenschaftler hatten in den sterblichen Überresten ein Bakterium gefunden: das tödliche *Clostridium botulinum.*

Gegen Neruda hatten die Putschisten eine biologische, gegen Allende eine Schusswaffe eingesetzt und das Narrativ ihrer vermeintlichen Unschuld in die Welt gesetzt.

Und dort befindet es sich noch immer.

Lügen sind scheinbar unausrottbar. Insbesondere dann, wenn man sie als Erster verbreitet.

Altamiranos Ausschleusung

Etwa zwei Wochen nach dem Putsch suchte Guillermo Altamirano, der Bruder des Generalsekretärs der Sozialistischen Partei Chiles, Senator Carlos Altamirano, den Kontakt zur DDR-Vertretung und bat um Aufnahme und Schutz seines Bruders. Carlos Altamirano – der zweite Mann in der Partei hinter Allende – war seit dem 11. September auf der Flucht. Eher spontan, keineswegs geplant, fand er einen Genossen seiner Partei, der ihn in seinem Haus versteckte. Später traf er Javier, ein Mitglied des Sozialistischen Jugendverbandes, der ihn fortan begleitete und für seine Sicherheit sorgte.

Allein dieser einzelne Fall offenbarte beispielhaft, wie sich etwa die regierenden Sozialisten auf einen Putsch und eine mögliche Illegalität vorbereitet hatten – nämlich gar nicht.

Was also konnten wir, konnte die DDR tun?

Natürlich: Menschen retten, indem sie der Verfolgung durch die Junta entzogen wurden.

Nummer 1 auf der Fahndungsliste der Militärjunta, der *Bando No. 10*, war Carlos Altamirano. Wer war er?

Carlos Altamirano wurde am 18. Dezember 1922 geboren – »wenige Tage vor dem Tode Lenins«, womit er später seine Autobiografie begann. Seine Familie gehörte der chilenischen Hocharistokratie an. An der deutschen Schule in Santiago genoss er eine sehr gute

Ausbildung. Danach studierte er an der juristischen Fakultät der Universität Chile. In jener Zeit war er aktiver Leichtathlet, 1946 sogar Lateinamerikanischer Meister im Hochsprung geworden. Altamirano schloss sich sehr früh der Sozialistischen Partei Chiles an, für die der damals junge Arzt Salvador Allende als Senator in den Kongress gewählt wurde, auch Altamirano sollte später Senator werden. Beide wurden bald enge Freunde. Altamiranos Intelligenz, seine scharfe Logik, die ausgefeilte Rhetorik und sein ausgeprägter Gerechtigkeitssinn führten ihn an die Spitze seiner Partei – er wurde 1971 Generalsekretär der SP (was er bis 1979 blieb).

Als Generalsekretär stand er fest an der Seite des Präsidenten Allende. Unsere Chile-Experten in der Aufklärung meinten jedoch, dass er keine politisch fundierte Linie habe, er neige eher zu abstrakten linkssektiererischen Auffassungen, was die linksradikalen Kräfte in der UP zu überzogenen Maßnahmen ermutigte. Diese fanden nicht unbedingt die Zustimmung der großen Masse der Bevölkerung: Landnahme, Enteignungen, bewaffnetes Vorgehen gegen nationalpatriotische Gruppen ... Das war kontraproduktiv.

Altamirano war kein Materialist, kein Marxist. Einer Wahrsagerin schenkte er mehr Glauben als seinem eigenen Verstand. Sie hatte ihm nämlich prophezeit, dass er einmal Präsident Chiles werde. Dieses Motiv trieb ihn an.

Bei den rechten Militärs war Altamirano besonders verhasst, weil er – rhetorisch brillant – die Unteroffiziere erreichte, diese für die UP einnahm und gegen die reaktionären Offiziere aufbrachte. Seine letzte Zusammenkunft mit Unteroffizieren hatte er am 9. September 1973 in Valparaiso, wo der Kern der Putschisten saß. Wenn sie seiner habhaft geworden wären, hätte Altamirano den 11. September nicht überlebt.

Nach gründlicher Beratung wurde in Berlin beschlossen, Altamirano als Gast in den Räumen der nunmehr ehemaligen DDR-Botschaft aufzunehmen. Ihm sollte keine Zusage über eine mögliche Ausschleusung gemacht werden.

Mit Hilfe eines katholischen Priesters wurde Kontakt zu Altamirano aufgenommen und die Details der Überführung aus seinem Versteck in die DDR-Botschaft übermittelt. In der Nähe seiner illegalen Unterkunft stellten wir ein Fahrzeug mit dem CD-Kennzeichen ab, Javier übernahm das Auto und steuerte es in der Rushhour direkt in die Botschaft, deren Tor zur verabredeten Stunde weit geöffnet war. Ein eingeweihter Mitarbeiter nahm Altamirano in Empfang und brachte ihn unauffällig in einer kleinen Wohnung auf dem Botschaftsgelände unter.

Die Fahndung nach ihm lief auf Hochtouren. Als die Militärs auch nach Javier zu fahnden begannen, nahmen wir ihn ebenfalls auf. Auch aus Gründen des Selbstschutzes: Er kannte als Einziger den aktuellen Aufenthaltsort von Altamirano.

Die verbliebenen Botschaftsmitarbeiter hielten einen eingeschränkten Geschäftsbetrieb aufrecht, um nach außen den Eindruck von Normalität zu vermitteln. Konsul Horst Richel stand in Verbindung zu den Konsulen anderen Länder. So erfuhren wir, dass sich Funktionäre der KP-Führung wie Orlando Millas, Gladys Marin, Julietta Campusano und Mireya Baltra in der niederländischen Botschaft befanden, Manuel Cantero hatte Schutz in der Botschaft von Honduras gefunden.

Die Staats- und Parteiführung der DDR entschied aus prinzipiellen und humanitären Erwägungen, nicht nur den Generalsekretär der Sozialistischen Partei, sondern auch andere Funktionäre der Unidad Popular zu schützen und in Sicherheit, also außer Landes zu bringen. Das zwang zur Anwendung geheimdienstlicher Mittel und Methoden. Die Federführung wurde darum der Hauptverwaltung Aufklärung des MfS übertragen.

Leitung, Koordinierung und Verantwortung lag in den Händen der Generale Horst Jähnicke und Werner Prosetzky. Prosetzky war seit 1971 in der Nachfolge Jänickes Leiter der Abteilung III (legal abgedeckte Residenturen), Jänicke damals zum 2. Stellvertretenden Leiter der HV A aufgestiegen.

Zunächst wurden in Berlin folgende operative Aufgaben bürokratisch festgelegt:

- Gewährleistung einer maximalen Geheimhaltung über die Anwesenheit der speziellen Gäste in der DDR-Botschaft;
- Vorbereitung von Schleusungsvarianten; Schaffung konkreter Voraussetzungen für die Schleusung Altamiranos und anderer UP-Funktionäre:

a) auf der internationalen Fernstraße über die Kordilleren nach Argentinien;

b) Entsendung eines Schiffes der Deutschen Seereederei zum gleichen Zweck. Vorwand war die

Abholung von 4.000 t Kupfer, die von der DDR bereits bezahlt worden waren;

- Normalisierung der Arbeit in der verbleibenden Vertretung. Rechtfertigung (Legendierung) der Anwesenheit der Restgruppe in Chile so lange wie möglich;
- Gewährleistung der Verbindungswege: chiffrierte Telex, Kuriere, diplomatische Post der Schutzmacht Finnland. Aufrechterhaltung einer einseitige Notfunkverbindung.

In Chile waren Außenhändler, Journalisten und Techniker verblieben, aber keine Diplomaten, Konsul Richel ausgenommen. Keiner von diesen Leuten besaß einschlägige Erfahrungen oder Kenntnisse, um die Vorstellungen der Zentrale umzusetzen. Die Informationskanäle waren auf Telegramme, Telex und lange Kurierwege beschränkt. Sie schlossen die Übermittlung von längeren Instruktionen aus.

Als ich Ende Oktober in Chile eintraf, waren noch siebzehn DDR-Bürger in der Botschaft, darunter drei Frauen. Sie bildeten die »Restgruppe«, die im Wortsinne die Stellung hielten.

Peter Wolf von Robotron, der während des Putsches mit seiner Familie in Thüringen Urlaub gemacht hatte, war als Mitarbeiter der Handelsvertretung am 6. Oktober nach Santiago zurückgekehrt. Er war gleichsam zum Test vorgeschickt worden: Als erster Dienstreisender aller sozialistischen Staaten nach dem Putsch stellte er fest, ob und wie die Einreise funktionierte. Er besaß noch ein gültiges Visum, das ihm von den chilenischen

Behörden vor seiner Ausreise im Frühsommer erteilt worden war. Friedmar Clausnitzer, der stellvertretende Minister für Außenhandel und verantwortlich für die wirtschaftliche Zusammenarbeit mit den Entwicklungsländern – sein ziviler Vorgesetzer –, hatte ihm signalisiert, dass er wegen des hohen Risikos die Übernahme dieser Aufgabe durchaus verweigern könne. Diese Option hatte sein Führungsoffizier – Wolf war auch inoffizieller Mitarbeiter des MfS – ihm nicht angeboten. Wir brauchten dringend Informationen über das neue Grenzregime. Wolf fuhr ohne zu zögern.

Jahrzehnte später berichtete er über diese gefährliche Dienstreise ins Ungewisse zum ersten Male: »Mit einem Flugzeug der polnischen LOT flog ich von Berlin nach Amsterdam. Auch auf dem Flugplatz Shipol, wo ich einige Stunden Aufenthalt bis zum Nachtflug mit der KLM über den Atlantik hatte, war zunächst alles in Ordnung. Bis ich auf einige meiner Kollegen aus der DDR-Botschaft in Santiago de Chile traf, die in die DDR zurückbeordert worden waren. Ihre Maschine aus Südamerika war soeben gelandet. Ich weiß nicht mehr, wie viele sie waren, erinnern kann ich mich nur an Frau Kirsch, die aufgeregt fragte, ob ich verrückt sei. ›Wir sind froh, dass wir dem Terror entkommen sind. Du willst dorthin? Kehr um, flieg mit uns nach Berlin!‹

Sollte ich etwas von ›Pflichtgefühl‹ und ›Solidarität‹ sagen? In solchen Situationen wirken selbst derart ehrbare Begriffe wie hohle Phrasen.

Ich weiß nicht mehr, was ich geantwortet habe.

Wir verabschiedeten uns. Sie sagte noch: ›Grüß mir meinen Mann, wenn du jemals dort ankommen solltest.‹«

Natürlich hinterließ diese Begegnung auf dem Amsterdamer Flugplatz Spuren. Emotionale Berichte wie diese beeinflussen immmer die eigenen Empfindungen.

»Abends ging die Maschine der KLM nach Südamerika mit dem Endziel Santiago de Chile. Sie war nicht ausgebucht. Nach Zwischenlandungen in Madrid und an der Westküste Afrikas ging es nachts über den Atlantik nach Rio de Janeiro. Mir fiel auf, dass stets mehr Passagiere aus- als einstiegen. Anfangs gab ich nichts drauf, bis mir bewusst wurde, dass dieser Flug doch ein wenig anders war als meine früheren auf dieser Strecke. Als wir in Buenos Aires zur letzten Teilstrecke über die Anden nach Santiago de Chile starteten, waren nur noch zehn bis fünfzehn Passagiere in der riesigen Maschine.

Um ehrlich zu sein: Mein Selbstvertrauen stand offensichtlich im kausalen Zusammenhang mit der Anzahl der Passagiere in der Kabine. Es war geschrumpft. Immer wieder ertappte ich mich bei dem Gedanken, wie wohl bei der Einreise die Passkontrolle vonstatten gehen würde. Je näher wir dem Ziel kamen, desto häufiger schoss es durch meinen Kopf: Was wirst du sagen, welche Situation könnte eintreten, wie reagierst du am besten?

Der Chefsteward setzte sich neben mich und fragte etwas ironisch, ob ich nicht vergessen habe, in Buenos Aires auszusteigen.« Es enspann sich ein Gespräch, was der »gelernte DDR-Bürger« Wolf zunächst als Ausfragerei interpretierte und darum mit revolutionärer Wachsamkeit führte. Er sollte sich in den Motiven des Stewards getäuscht haben.

»Er erklärte mir teilnahmsvoll, dass es für mich jetzt gefährlich in Santiago sei. Sie flögen das zweite Mal nach dem Putsch nach Chile, ihm sei auch etwas mulmig, weil man nie wisse, was die Junta für Schikanen bereithalte.

Meine Selbstsicherheit war endgültig dahin.

Ich gab mich aber trotzig-mutig und gelassen: ›Ach, wissen Sie, die ganze Politik interessiert mich überhaupt nicht. Ich bin Handelsvertreter, habe in Santiago ein Büro und möchte nach meinem Urlaub lediglich meine Geschäfte weiterführen. Alles andere interessiert mich herzlich wenig.‹

Er schüttelte den Kopf, stand auf und ging ins Cockpit. Kurz darauf kam ein anderer Herr zu mir, stellte sich als Kapitän der Maschine vor und mir einen Whisky auf den Tisch. Seinen Namen verstand ich leider nicht.

›Hören Sie, der Steward hat mir von der Unterhaltung mit Ihnen erzählt. Es ist heutzutage nicht ungefährlich in Santiago de Chile einzureisen, zumal wenn man so wie Sie aus dem Osten kommt. Aber wir werden bei der Einreise auf Sie aufpassen, dass nichts passiert. An der Passkontrolle werden wir Sie so lange beobachten, bis sie hindurch sind. Sollte es Probleme geben, kommen Sie sofort zu uns, wir stehen am Crew-Ausgang. Wir stecken Sie dann bis morgen früh zu unserem Flug nach Lima in unsere Maschine, das ist exterritoriales Gebiet, da sind Sie sicher. In solchen schlimmen Zeiten müssen wir doch zusammenhalten.‹

Er klopfte mir aufmunternd auf die Schulter und verschwand wieder in seinem Cockpit.

Das war Balsam, das gab Mut und Zuversicht. Noch einen Whisky und ein verständnisvolles Lächeln vom Steward brachte die notwendige innere Ruhe und das erforderliche Selbstvertrauen zurück.

Chile empfing mich mit schwerbewaffneten Carabineros und Militärs. Auf dem sonst so belebten Flughafen herrschte wenig Betrieb, überall sah ich bewaffnete Militärfahrzeuge. Bei den wenigen Passagieren war es nicht schwierig, mich als letzter anzustellen. Damit konnte ich einerseits beobachten, wie die Kontrolle erfolgte, andererseits war ich gut zu sehen.

Ein kurzer Seitenblick bestätigte mir, dass die Crew der KLM geschlossen am separaten Ausgang für das Flugbegleitpersonal stand und mich aufmerksam mit ihren Blicken begleitete. Als hätten die Carabineros unsere ›Probe‹ im Flugzeug miterlebt, lief auch die ›Entrada‹ ab: ›Woher kommen Sie? Was wollen Sie hier? Wissen Sie nicht, was hier los ist?‹

Meine Antworten kamen wie einstudiert, mein etwas forsches Auftreten überzeugte. Ich durfte passieren. Damit war ich der erste Bürger eines sozialistischen Landes, der nach dem 11. September 1973 in Chile einreiste. Der Kalender zeigte den 6. Oktober 1973.

Hinter der Pass- und Zollkontrolle standen Dr. Arnold Voigt – der kommissarische Leiter der Restgruppe – und unser Konsul Horst Richel, um mich in Empfang zu nehmen. Die Begrüßung war herzlich und erleichternd zugleich. Ein letzter Blick zu den Holländern, ein verständnisvolles Kopfnicken und ein letzter Abschiedsgruß beendete unsere schicksalhafte Begegnung.«

Mit Hilfe von Peter Wolf gewannen wir wichtige Erkenntnisse, die zu Überlegungen für unser weiteres Vorgehen führten.

Die Frau von Konsul Richel war gelernte Friseuse: Sie färbte Altamiranos Haare blond und bemühte sich, ihm ein europäisches Aussehen zu geben. Ulrich Kohls, Auslandsfotokorrespondent der DDR-Nachrichtenagentur *ADN* fertigte Bilder, die für einen Pass benötigt wurden, den wir in Berlin auszustellen beabsichtigten.

Sodann sollte ein Offizier im besonderen Einsatz, ein OibE, wie es in der Dienstsprache des MfS hieß, für einen Einsatz in Chile vorbereitet werden. Er sollte als dienstreisender Außenhändler die Operation vor Ort organisieren und absichern. Die Wahl fiel auf Major Rudolf Herz, der unter dem Decknamen »Kern« nach Chile fliegen sollte.

Ich wurde in die operativen Aufgaben und Vorstellungen eingewiesen und im Schnellverfahren ausgebildet. Für die geplante Schleusung auf dem Landweg machten wir uns die Erfahrung von westdeutschen Fluchthelfern zunutze. Bauteile für ein Personenversteck in einem Auto sollten in Berlin vorbereitet und von einer kleinen Gruppe versierter Monteure nach Argentinien gebracht werden. Dort sollten sie sich das gleiche Fahrzeug mit argentinischen Kennzeichen beschaffen und es entsprechend umbauen.

Carlos Altamirano (l.) in der DDR-Botschaft, 1972. Er wird begrüßt von Botschafter Harry Spindler, dem Stellvertretenden Staatsratsvorsitzenden Gerald Götting und Ulbrichts persönlichem Sekretär Otto Gotsche

Als Fahrer für die vorgesehene Aktion wurde Prof. Dr. Eberhard Hackethal (IM »Assessor«) gewonnen. Der Wissenschaftler von der Leipziger Karl-Marx-Universität lebte bereits mehrere Jahre in Chile und kannte sich dort sehr gut aus. Als DDR-Bürger hätte er sowohl für Argentinien als auch für Chile ein Visum gebraucht. Ein Bundesbürger brauchte keins. So wurde Hackethal mit einem fiktivem BRD-Reisepass ausgestattet, mit dem er beide Länder ohne Visum bereisen konnte.

Ich traf Hackethal in Berlin und besprach die Aktion und mögliche Ausweichvarianten mit ihm.

Das Ministerium für Außenhandel begründete mit Bezug auf meine frühere Tätigkeit als Außenhändler in Lateinamerika meine Einsatzlegende.

Ende Oktober reiste ich nach Chile aus, wobei nicht klar war, ob man mich überhaupt ins Land lassen würde. Ich verfügte zwar über einen jungfräulichen Dienstpass, aber nicht über ein Einreisevisum für Chile. Ein guter Freund und Kollege besorgte mir ein peruanisches Visum. Für alle Fälle.

Kurz vor meiner Abreise war mir noch mitgeteilt worden, dass sich in unserer Botschaft auch Leonardo Yáñez aufhielte, der Schwiegersohn Erich Honeckers.

Im Flugzeug von KLM machte ich die gleichen positiven Erfahrungen wie schon drei Wochen zuvor mein-Genosse Peter Wolf von Robotron. Diese zutiefst menschliche Geste fernab aller ideologischen Vorbehalte rührte mich nicht nur an, sondern gab mir auch zu denken. Zumal ich in der Folgezeit ähnliche Hilfe von Menschen aus anderen NATO-Staaten bekam. Ich begann mein bisheriges Menschenbild dahingehend zu revidieren, dass ich es nicht mehr ausschließlich an Pass und Herkunft festmachte.

Ich reiste als erster Bürger eines sozialistischen Landes ohne Visum nach dem Militärputsch legal in Chile ein – und es ging gut. Das war eine wichtige Erfahrung für das Gelingen der vorgesehenen Aktionen. In kurzer Zeit bekam ich auch ein unbefristetes Visum – mein Aufenthalt war damit legalisiert. Der Nachteil war, dass ich erst im folgenden August, nach fast einem Jahr, die Erlaubnis bekam, zu einem Kurzurlaub in die DDR auszureisen.

Die Ankunft und glückliche Einreise von OibE Kern in Santiago de Chile sorgte in der Zentrale in Berlin für Erleichterung. Wir konnten mit den konkreten Vorbereitungen der besprochenen Maßnahmen sofort beginnen. Durch die Beschränkung der Kommunikation auf chiffrierte Telegramme über Telex und aufgrund der Zeitdifferenz von sechs Stunden zwischen Santiago und Berlin waren Konsultationen schwer nur möglich. Ich war also, wie besprochen, weitgehend auf mich allein gestellt. Ich war der einzige Offizier der Aufklärung, einige Mitarbeiter waren als IM beim MfS angebunden, aber wer das konkret war, wusste ich auch nicht. Die Konspiration untereinander funktionierte auch hier. Aber ich hatte ein Näschen dafür, wem man vertrauen konnte und wem besser nicht.

Zunächst repetierten wir im kleinen Kreis alles , was gelaufen war, wo Gefahrenmomente bestanden und gegnerische Angriffspunkte existierten. Wer von den deutschen und den chilenischen Angestellten wusste was? Danach wurde das Umfeld der Vertretung sondiert, um festzustellen, ob die Vertretung observiert wurde. Gab es mobile oder feste Beobachtungsstellen?

Die drei Gebäude der DDR wurden fortan rund um die Uhr mit Wachen besetzt. Die Planung war nicht einfach, sie besorgte Peter Wolf. Er war der einzige, den ich in alle Pläne einweihte. Offiziell war er Mitarbeiter der Handelspolitischen Abteilung an der Botschaft – ein zuverlässiger, sehr guter Genosse, bei Robotron hatte er als Kampfgruppenkommandeur logistische Erfahrungen gesammelt, die uns jetzt halfen.

Die Aufgaben der einzelnen Mitarbeiter wurden präzisiert. Das waren Prof. Dr. Arnold Voigt und seine Frau Dr. Getrud; Voigt kam von der Hochschule für Ökonomie in Berlin-Karlshorst und sollte bis 1976 die »Restgruppe« leiten; er arbeitete danach bis zum Ende der DDR an der HfÖ. (Voigt konnte deshalb an der Botschaft bleiben, weil er als Mitglied unsererr Handelsvertretung keinen Diplomaten-Status besaß.) Dann war da Konsul Horst Richel und dessen Frau Doris, ein Landsmann – er hatte früher als Gerichtsdirektor in Heiligenstadt im Eichsfeld gearbeitet. Ferner Dieter Liebert, als Chiffreur natürlich Mitarbeiter des MfS; er musste später wegen eines Verkehrsunfalls sofort aus Chile abgezogen werden. Rudi Gittel, ein erfahrener Kapitän der Deutschen Seereederei, der aus mir unbekannten Gründen in der Botschaft gestrandet war, sodann Horst Hampel, ein Außenhändler, der nach der Ausschleusung Altamiranos nach Hause zurückkehren sollte, sowie der Wirtschaftsleiter der Botschaft Günther Küpper. Dazu kamen noch unsere vier »Traktoristen« – vier Techniker aus dem VEB Traktorenwerk Schönebeck – und die *ADN*-Journalisten Ulrich und Doris Kohls sowie Jürgen Scheich von *RBI*. Nicht zu vergessen Paul Ruschin, der Dolmetscher, ebenfalls IM des MfS. Ich war der Achtzehnte. (Meine Frau sollte erst im Januar 1975 nachkommen und bis Mai 1975 mit mir in Chile bleiben.)

Es sollte nach außen der Eindruck einer normalen Geschäftstätigkeits vermittelt werden. Keine unnötige Bewegung, keine auffällige Betriebsamkeit, Normalität lautete die Parole. Das diente der Begründung, warum wir überhaupt noch hier und nicht ausgereist waren. Hektisches Agieren hätte nur die Aufmerksamkeit unserer Bewacher hervorgerufen.

PHOTOGRAPHIE DU TITULAIRE
(le cas échéant photographies des enfants)
Photograph of the bearer (and of children if any)

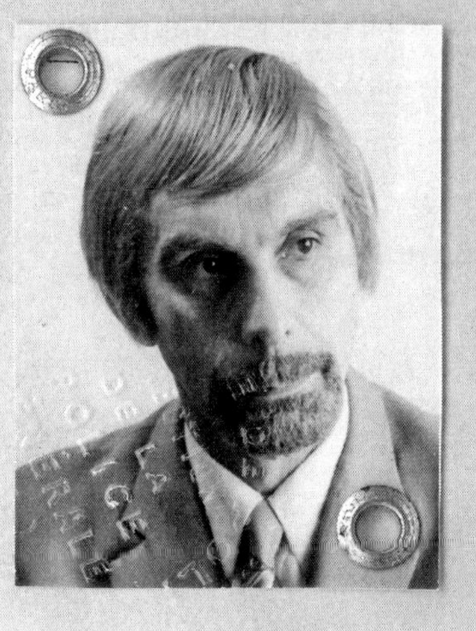

Altamiranos in Berlin gefälschter Pass: Foto (in Santiago gemacht von Ulrich Kohls, ADN-ZB) mit gefärbtem Haar

Konspirativ bereitete ich mit meinen Vertrauten die Ausschleusung vor. Und die Beteiligten testete ich unbemerkt auf Herz und Nieren. Ich wollte wissen, ob sie physisch und psychisch belastbar waren.

Ferner war zu erkunden, wie das Kontrollsystem am Grenztunnel bei Portillo funktionierte, über den die Ausschleusung von Altamirano geplant war.

➤ Wie erfolgen die Kontrollen der Fahrzeuge? Was passiert nach Einfahrt in den Tunnel? Gibt es im Tunnel noch eine Sperre, etwa ein Gittertor, das von außen betätigt und geschlossen werden kann?

- Wie sind die Kontrollen auf der argentinischen Seite? Kommt es vor, dass Personen die Einreise verweigert wird? Werden sie zurückgeschickt?

Zur Beantwortung solcher Fragen nutzten wir Kontakte zu Geschäftsleuten und Diplomate, die wegen des Lebensmittelmangels in Chile zum Einkaufen über Portillo nach Mendoza in Argentinien fuhren. Klassische Geheimdienstarbeit also: Wir »schöpften« unsere Gesprächspartner ab. DDR-Bürgern war die Fahrt über die Grenze nämlich nicht erlaubt. Berlin bestand darauf. Erst recht unter den aktuellen Bedingungen.

Wir unternahmen lediglich mehrere Ausflüge auf der internationalen Straße von Santiago bis Portillo, um die Verkehrsverhältnisse und mögliche Kontrollpunkte zu eruieren. Wir rechneten mit Militärposten am Stadtrand von Santiago, in den Orten Colina und Los Andes, bei den militärischen Ausbildungscamps nahe Peldehue und auf der Route 60 im Gebirge bis Portillo.

Während des Putsches und des nachfolgenden Ausnahmezustandes waren von den Militärs auf Hauptverkehrsstraßen provisorische Straßensperren mit Schlagbäumen errichtet worden. Diese existierten zwar noch, aber wie sich zeigte, waren sie nicht ständig besetzt. Offensichtlich maßen die Militärs den Grenzpassagen ins Ausland keine größere Bedeutung zu. Sowohl auf dem internationalen Flugplatz als auch an der Grenze zu Argentinien gab es keine zusätzlichen militärischen Kräfte oder Veränderungen im bisher praktizierten Regime, wie ich selbst hatte feststellen können. Die Kontrollen wurden wie üblich von den *Carabineros*

(Polizei) und zivilen Kräften vom Zoll durchgeführt. In unregelmäßigen Abständen verließen wir mit dem Pkw das Botschaftsgelände, um Normalität zu suggerieren. Andererseits nahmen wir auf diese Weise sogenannte Gegenbeobachtungen vor: Wir verfolgten die eigenen Fahrzeuge, um festzustellen, ob sie observiert oder verfolgt wurden.

Wir konnten nichts Auffälliges feststellen.

So vergingen die Tage. Inzwischen war Altamirano bereits vier Wochen in unserer Obhut. Wir waren der Auffassung, dass es Zeit wurde, zur Tat zu schreiten. Mit Prof. Hackethal war verabredet, dass er mit dem präparierten Auto (und Altamiranos Papieren) aus Argentinien kommen und Quartier in einer Pension in Santiago nehmen sollte. Ich würde ihn dort aufsuchen, um Details mit ihm zu besprechen. Danach würde er Altamirano aufnehmen und nach Argentinien zurückkehren. Wir würden unauffällig die Fahrt bis zur Grenze sichern.

Ich wählte die wenigen Personen aus, die an dieser Operation beteiligt sein sollten, ohne das allen die Hintergründe und Zusammenhänge mitgeteilt wurden. Die Zeit gaben die Sperrstunden von 20.00 Uhr bis morgens 8.00 Uhr sowie die Schließung des Andentunnels 18.00 Uhr vor. In der Planungsphase erwies sich Peter Wolf als cleverer Konzeptioner. Er erarbeitete einen Plan, der jedem Stabsoffizier zur Ehre gereicht hätte.

Inzwischen wurde das Botschaftsgebäude nicht mehr von Militärs oder Polizei bewacht, was unser Vorhaben erleichterte. Gleichwohl gingen wir davon aus, dass in der Nachbarschaft durchaus Kollaborateure wohnten, die auffällige Bewegungen in oder vor der Botschaft melden würden. Dienstleister aus der DDR hatten diese schmerzliche Erfahrung bereits machen müssen: Wohnungsnachbarn hatten sie als Kommunisten aus dem Ostblock bei den Putschisten denunziert. Sie waren daraufhin abgeholt, misshandelt und inhaftiert worden.

Der Einstieg Altamiranos in Hackethals präpariertes Fahrzeug sollte noch in Las Condes erfolgen. In diesem Stadtteil am Rande Santiagos lebten viele Menschen europäischer Herkunft. Allerdings mussten wir dafür einen geeigneten Platz finden. Wir entschieden uns für einen kurvenreichen Hohlweg, der an einer Ausweichstelle genügend Platz bot und nicht eingesehen werden konnte. Die unbefestigte Straße führte dann weiter am Stadtteil Conchali vorbei zur *Panamericana*, dieser einzigartige Verbindung von Alaska bis Feuerland, rund 48.000 Kilometer Straße.

Der Hohlweg war wenig befahren. Seine Einfahrt lag am Rande eines Parkplatzes. An einem Bauwagen lagen Utensilien zum Absperren der Straße bei Bauarbeiten. Am Vorabend wurden sie unauffällig von uns vorbereitet, so dass mit wenigen Handgriffen die Zufahrt zum Hohlweg kurzzeitig abgesperrt werden konnte.

An mehreren Tagen fuhren wir die Strecke zu verschiedenen Tageszeiten ab. Es gab keine besondere Bewachung oder Kontrolle, nichts Auffälliges.

8.00 Uhr startete ein Mitarbeiter von seiner Wohnung aus und fuhr die geplante Strecke von Santiago über Colina, Los Andes bis Rio Blanco. Dort befand sich die letzte uns bekannte Straßensperre der Militärs. Er sollte aufklären, ob überraschend Straßenkontrollen aktiviert worden seien oder nicht. Hinter Rio Blanco kehrte er um und fuhr die gleiche Strecke zurück. So konnte er das ihm entgegenkommende Auto, das dem Schleuserfahrzeug vorausfuhr, bei Bedarf mit der Lichthupe warnen. Wenn alles unverdächtig war, sollte er sein Auto parken, in das Vorausfahrzeug umsteigen und nach Portillo vorausfahren. Die Zeit war so kalkuliert, dass sich beide Autos kurz vor Santiago treffen würden.

9.00 Uhr sollte IM »Assessor«, also Prof. Hackethal, von seinem Quartier in Santiago zum Treffpunkt im Hohlweg aufbrechen.

9.30 Uhr würde Konsul Richel mit einem Sprachkundigen von der Residenz auf Umwegen zu jenem Parkplatz am Beginn des Hohlwegs aufbrechen. Sie sollten ihr Auto etwas abseits parken und so tun, als genössen sie die schöne Aussicht. Wenn Hackethal mit Altamirano im Hohlweg eintreffen würde, sollten sie die Straßensperre errichten und nach etwa 15 Minuten wieder abbauen, sobald Altamirano in das Versteck in Hackethals Fahrzeug mit argentinischem Kennzeichen eingestiegen war. Gegen 10.30 Uhr sollten sie Richtung Portillo aufbrechen. Bis zur Grenze waren es 160 Kilometer, der Andentunnel lag in einer Höhe von 3.000 Metern. Wir planten dafür etwa drei Stunden Fahrzeit ein. Wenn alles glatt ging, sollte IM »Assessor« mit Altamirano gegen 14 Uhr in Argentinien eintreffen.

Schleusungs- und Vorausfahrzeug sollten ohne Sichtkontakt bis zum Hotel »Portillo«, etwa sechs Kilo-

Serpentinen zum Grenzübergang in 3.000 Metern Höhe. Für den nicht ganz schwindelfreien IM »Assessor« alias Prof. Eberhard Hackethal eine Herausforderung

meter vor der Grenzkontrollstelle, fahren. Vom dortigen Parkplatz aus sollte das Vorausfahrzeug die Vorbeifahrt Hackethals beobachten. Nach erfolgter Passage des Schleuserfahrzeugs und des ihm folgenden Sicherungsfahrzeugs mit Konsul Horst Richel und Dolmetscher Paul Ruschin wollte man sich im Hotelrestaurant treffen und die Botschaft in Santiago telefonisch informieren.

Falls jedoch Hackethals Mission gestoppt werden musste, sollten Richel und Ruschin Altamirano übernehmen und ihn auf direktem Wege nach Santiago in die DDR-Vertretung zurückbringen.

In einem vierten Fahrzeug, am Ende des Konvois, fuhren »gebuchte« chilenische Automonteure. Den

Werkstattwagen hatten wir für den Fall gechartert, dass ein Fahrzeug technische Probleme bekäme. Sicher war sicher. Die Jungs hatten keine Ahnung, auf welcher Mission sie sich mit ihrem Pannenfahrzeug befanden.

Das war der Plan.

Bei meinem ersten Treffen mit IM »Assessor« in Santiago offenbarte mir Hackethal, dass er mit dieser »Schrottkarre« nicht nach Argentinien zurückfahren werde. Die Fahrt über die Serpentinen hierher sei eine einzige Katastrophe gewesen. Das Kühlwasser sei überhitzt gewesen, es gab Probleme mit der Zündung, Ölverlust und Reifenpannen … Zum Glück habe er jedes Mal Werkstätten gefunden, die das Fahrzeug wieder fahrtüchtig gemacht hätten. Bis auf die Reifen, die nach und nach ihren Geist aufgegeben hätten.

Okay, ich hatte verstanden.

Im Fuhrpark der Botschaft befanden sich zwei Pkw des gleichen Typs. Von denen wurden die vier besten Räder abmontiert, um sie an das Schleuserfahrzeug zu schrauben. Aber wo? Es durfte niemand sehen, um Verdacht zu schöpfen. IM »Assessor« stellte sein Fahrzeug zu einer verabredeten Zeit auf dem Parkplatz eines vornehmen Golfplatzes ab. Den Schlüssel legte er auf das linke Vorderrad. Wir fuhren mit den Ersatzrädern dorthin und deponierten sie im Kofferraum des argentinischen Autos. In einer Werkstatt ließ Hackethal schließlich die Räder wechseln.

Das weitaus größere Problem: Der Professor war nicht schwindelfrei. Er habe das vorher gewusst, aber nicht daran gedacht, als er die Aufgabe übernommen hatte, räumte er ein. Beim Blick in die mehrere hundert Meter tiefen Schluchten beiderseits der Straße sei ihm das bewusst geworden, und er habe schon aufgeben wollen. Mehrmals sei ihm übel geworden. Außerdem litte er an einer starken Bronchitis.

Insgesamt machte er einen sehr ungesunden Eindruck. IM »Assessor« wirkte auf mich stark überarbeitet und mehr als erholungsreif. Er gehörte eigentlich in ein Krankenhaus und nicht an die unsichtbare Front. Aber augenscheinlich gab es keine personelle Alternative. Natürlich hätte auch ich das Auto fahren können, aber ich besaß nicht die profunden Kenntnisse Hackethals von Land und Leuten. Den Gedanken, ihn durch einen anderen Mitarbeiter zu ersetzen, wischte ich gleich beiseite. Es war alles auf Eberhard Hackethal zugeschnitten, ein Personalwechsel würde die ganze Aktion gefährden.

Trotzdem: wahrlich keine guten Voraussetzungen.

Ich sicherte ihm zu, dass wir ihn unauffällig eskortieren und bis zum Hotel »Portillo«, sechs Kilometer vor der Grenze, für seine Sicherheit sorgen würden.

Am 5. November 1973 wurde die Aktion wie geplant durchgeführt. Es lief alles wie vorgesehen, es gab keine Zwischenfälle. Die Besatzung des Vorausfahrzeuges – Peter Wolf und Horst Hampel – hatte auf dem Parkplatz des Hotels in Portillo das Fluchtfahrzeug mit Hackethal und Altamirano passieren lassen, nachdem ich ausgestiegen war. Dann erreichte auch das dritte Fahrzeug, das Sicherungsfahrzeug mit Konsul Horst Richel und Paul Ruschin, diesen Ort. Gemeinsam gingen wir ins Restaurant. Doch noch ehe das Essen kam, stand Prof. Hackethal in der Tür. Er sollte doch schon längst in Argentinien sein! Vor der Tür erzählte mir Hackethal aufgeregt, was ihn zur Umkehr gezwungen hatte.

An der Grenze habe man von ihm einen Passierschein für das Fahrzeug (*salvoconducto*) verlangt. Den gäbe es beim Militärkommandanten in Los Andes, sechzig Kilometer von hier, hatte man ihm gesagt. Was tun? Anderthalb bis zwei Stunden bis Los Andes, zwei Stunden zurück macht vier plus der möglichen Wartezeit in der Militärkommandatur, rechnete ich … Und 18 Uhr schloss der Grenzübergang.

Wir entschieden uns, dass Hackethal nach Los Andes fahren sollte, um das Papier zu holen. Zuvor jedoch müsste Altamirano an einem geeigneten Ort aus seinem Versteck im Auto befreit werden, er dürfe auf keinen Fall mit zur Militärkommandantur fahren.

Wir überlegten alle denkbaren Varianten, die gute und die weniger gute. Wenn Hackethal bis 17 Uhr wieder zurückkäme, würde ein zweiter Anlauf unternommen werden. Schaffte er es nicht rechtzeitig, müssten wir die ganze Aktion abbrechen und nach Santiago zurückkehren: Altamirano im Auto von Horst Richel und Hackethal wieder in seine Pension. Wir müssten es dann am nächsten Tag erneut versuchen.

Wir fuhren talabwärts und fanden einen nicht einsehbaren Ort. Altamirano stieg aus dem Auto und torkelte wie benommen; er hatte vor der Grenzpassage Medikamente genommen, um die Fahrt in dem engen Versteck zu ertragen. Nun bekamen auch die anderen, die nicht Eingeweihten, mit, was der Sinn unseres »Ausfluges« war. Keiner fragte jedoch, wer dieser blonde Mann sei, der da aus dem Kofferraum gestiegen war. Konspiration lebte auch von der Einsicht: Was ich nicht weiß, macht mich nicht heiß …

Wir hatten Glück. Hackethal kehrte noch vor 17 Uhr zurück. Er berichtete von einer langen Schlange in der Militärkommandatur – es waren vornehmlich argentinische Wochenendausflügler, die an diesem Montag in ihre Heimat zurückkehren wollten. Doch er als Deutscher sei an der Schlange vorbeigewunken worden. Ihm war es

Die Eskorte des Schleuserfahrzeuges: Horst Hampel (links), daneben Peter Wolf. Zweiter von rechts Konsul Horst Richel sowie zwei unbekannte Chilenen

sogar gelungen, den chilenischen Kommandanten zu überreden, ihm eine mehrmalige Ein- und Ausreise im Passierschein zu vermerken.

Altamirano zwängte sich erneut in sein Versteck. Wir verabschiedeten uns nun zum zweiten Mal und diesmal noch bewegter von Prof. Eberhardt Hackethal. Irgendwie ahnten wir, dass es ein Abschied für immer sein würde. Wie wir später erfuhren, erkrankte er in Buenos Aires schwer, fiel sogar ins Koma. Der dortige westdeutsche Konsul sorgte für seine Behandlung. Es war Lungenkrebs, woran Hackethal später auch versterben sollte.

Wir verfolgten sein Auto, bis es kurz vor 18 Uhr im Tunnel verschwand. Wir hatten mal wieder an der falschen Stelle gespart. Es war eine Schrottkarre, wie Hackethal zutreffend festgestellt hatte. Sie passte weder zu einem erfolgreichen (west-)deutschen Handelsvertreter, noch hätte dieses Auto die Kordilleren durchqueren dürfen. Und drittens schließlich: Im Kofferraum stank es nach frischer Farbe. Wenn das unsere Grenzer bemerkt hätten, wäre das Auto auseinandergenommen und mit Sicherheit das Versteck und der Flüchtling gefunden worden. Offenkundig unterschätzten jene, die das Fahrzeug umgebaut hatten, die Latinos und deren Spürsinn. Wir hatten also ausgemachtes Glück gehabt!

Kurz vor Beginn der Sperrstunde erreichten wir die Botschaft. Wir gingen davon aus, dass Altamirano inzwischen heil in Argentinien angekommen war. Es erfolgte eine kritische Auswertung der Aktion. Wir gelangten zu der Auffassung, dass solche Schleusungen wegen des hohen Aufwandes und beträchtlichen Risikos nur wiederholt werden sollten, wenn keine andere Möglichkeit bestand. Wir sollten nach anderen Möglichkeiten suchen, um gefährdete Chilen außer Landes zu bringen.

Altamirano berichtete Jahrzehnte später über seine Flucht und deren Vorgeschichte: »Wir gelangten ohne Zwischenfälle in das angegebene Haus (*auf dem Botschaftsgelände – R. H.*), wo man mich rasch in eine kleine Wohnung einwies. Man sagte mir, dass ich die Wohnung nicht verlassen, nicht auf den Gang gehen und nicht die Vorhänge der Fenster öffnen dürfe. All das wurde mir in typisch deutschem Ton gesagt, der keinen Raum für andere Auslegungen bot: Man hatte strikt das Gesagte zu befolgen.

›Es besteht immer die Möglichkeit, dass irgendjemand Sie zufällig von außen sehen könnte‹, begründete der Botschaftsangehörige, der mich empfangen hatte, diese Verbote. Er blieb auch der einzige, mit dem ich Kontakte hatte.

Ich lebte absolut isoliert, hatte keinen Kontakt mehr zu Javier und keine Möglichkeit zu telefonieren. Ich bat die deutschen Genossen, zumindest meiner Frau Pauline die Nachricht zukommen zu lassen, dass es mir gut gehe.

Ich weiß nicht, wer zuvor in dieser kleinen Wohnung gelebt hatte, es war sehr ruhig dort.

Der deutsche Genosse – groß, blond, mit blauen Augen – brachte mir persönlich jede Mahlzeit, er fragte mich regelmäßig, ob ich irgendetwas brauche, ob ich besondere Wünsche bezüglich der Verpflegung habe usw. Aber nie ließ er sich auf ein Gespräch ein. Er kam, stellte seine Fragen, verschwand schnell wieder und verschloss die Tür. (*Bei dem blonden, blauäugigen Genossen handelte es sich um Dieter Liebert, den Chiffreur – R. H.*)

Ich erbat Reinigungsgeräte und verschiedene Bücher, ich las wiederholt Werke, die mich in meiner Jugendzeit begeistert hatten: La Montana magica, Dostojewski, Proust u. a.

An jedem Tag versicherte mir der deutsche Genosse, dass Maßnahmen zu meiner Rettung vorbereitet würden, ich möge Geduld haben, so etwas könne man nicht von einer Minute auf die andere bewerkstelligen.

Ich las viel, um mich von meinen Gedanken, die mich unaufhörlich quälten, abzulenken. Die Vorstellungen vom Tode ließen mich nicht in Ruhe: Tod, Tod und noch einmal Tod. Ich war mir darüber im Klaren: Sollten sie mich erwischen, würden sie mich töten. Und ich war mir sicher, dass das nicht mit einem einzigen Schuss ins Genick abgehen würde. Ich wusste, dass sie sich lange mit mir beschäftigen würden, bevor sie mich ermordeten. Sie würden mir nicht die Gnade eines schnellen Todes gewähren. Darum wollte ich im Falle einer Erstürmung des Gebäudes mich verteidigen oder irgendeine Situation provozieren, die die Soldaten veranlassen würden, auf mich zu schießen.

Es waren schwierige, bittere Tage, angefüllt mit Augenblicken unendlicher Einsamkeit und Beklemmung. Ständig überlagerten sich eine Unmenge von Vorstellungen, die mich sehr bedrückten. Immer war es der Tod, nicht nur der meinige, sondern auch der meiner besten Freunde und der von Abertausenden Chilenen, die an unser Projekt geglaubt hatten. Mich quälte mein Gewissen, die Verantwortung, die ich empfand für dieses kollektive Drama, was da hereingebrochen war.

Es ist heute schwer, sich daran zu erinnern. In Europa habe ich festgestellt, dass Menschen, die dramatische Momente erlebt haben, einen Mechanismus des Verdrängens und des Vergessens entwickeln. Es ist nicht leicht, jemanden zu finden, der über schreckliche Erlebnisse im Krieg oder im Konzentrationslager spricht.

Ich erinnere mich an die ständigen Vorstellungen vom Tode. Ich fühlte mich manchmal durchlöchert von einer Patrouille, die plötzlich auftauchte. Der Schmerz war zu stark, es waren Tausende von Zweifeln, die mich überfielen, Schuld und Gewissensbisse.

Ich verbrachte etwa zwanzig Tage in der kleinen Wohnung, als der deutsche Genosse mit der Nachricht kam, die Operation sei vorbereitet, in zwei bis drei Tagen würden wir die Kordilleren überqueren. Er erklärte mir, dass man ein Auto bestellt habe, in dem ich mit einem angeblichen Handelskaufmann über die Grenze fahren werde. Ein Problem sei, in das Auto zu steigen, was aus Sicherheitsgründen nicht zu diesem Gebäude kommen könne. Außerdem würde ich in einem besonderen Versteck reisen, und es sei ausgeschlossen, den Einstieg in diesem vornehmen Stadtviertel El Golf vorzunehmen. Ich schlug vor, dass man das doch im Gelände hinter dem Berg San Cristobal, im Bereich der Pyramide, machen könne, das sei ein verkehrsarmes Gebiet.

Und so wurde es beschlossen. Gegen Mittag fuhren wir los in Richtung La Piramide.

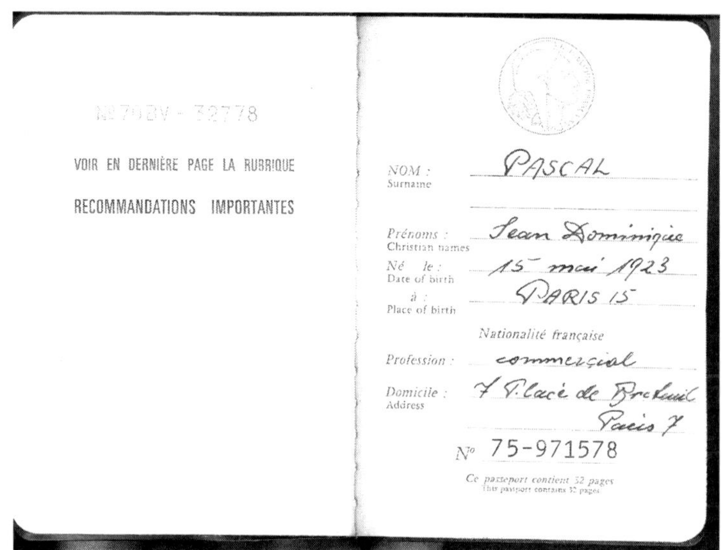
N° 70 BV - 32778

VOIR EN DERNIÈRE PAGE LA RUBRIQUE

RECOMMANDATIONS IMPORTANTES

NOM : Surname PASCAL

Prénoms : Christian names Jean Dominique

Né le : Date of birth 15 mai 1923

à : Place of birth PARIS 15

Nationalité française

Profession : commercial

Domicile : Address 7 Place de Breteuil Paris 7

N° 75-971578

Ce passeport contient 32 pages
This passport contains 32 pages

Der gefälschte Pass von Altamirano

Ich fuhr mit zwei deutschen Genossen (*Richel und Ruschin – R. H.*), am vorgegebenen Ort erwartete uns ein großes amerikanisches Auto – ein Chevrolet oder Ford – mit weiteren zwei Personen. (*Hackethal und ich – R. H.*) Nach unserer Ankunft verteilten sie sich nach beiden Seiten, um die Straße abzusichern. Nach dem Freizeichen von beiden Seiten kletterte ich in den Kofferraum des präparierten Autos. Man schob den Rücksitz etwas nach vorn, dahinter war das Versteck. Der Kofferraum war dadurch etwas verkleinert, was aber bei flüchtiger Kontrolle nicht auffiel.

Es war ein sehr enger Raum. Obgleich ich in jener Zeit nicht nur dünn, sondern fast skelettiert war, passte ich kaum hinein. Ich hatte nur einen Beutel mit einer Zahnbürste und einigen ganz persönlichen Dingen bei mir. Im Eifer des Umsteigens fiel alles heraus und lag verstreut auf dem Boden. Während ich es mir ›bequem‹ machte, meine Rücken entspannte, mich etwas zur Seite drehte, die Beine einzwängte, weil die Breite nicht reichte für meine 1,80 Meter, las einer der deutschen Genossen meine Sachen auf und reichte sie mir in das Auto.

Bevor sie mein Versteck verschlossen, warf mir einer ein kleines Holzkreuz zu. Ich hatte es einige Wochen zuvor von meiner Schwägerin Marilen über Javier bekommen. (*Ich »warf« ihm nicht das Kreuz zu, sondern gab es Altamirano in die Hand – R.H.*)

Ich fühlte, dass es ein gutes Zeichen war.

Dann hörte ich, wie einige Koffer und Beutel mit Mustern von Kosmetika und Medikamenten eingeladen wurden, die der angebliche Handelsreisende aus Argen-

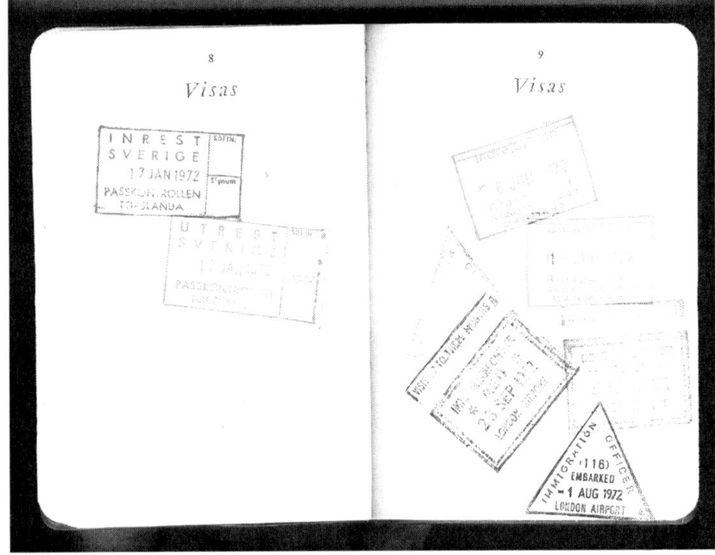

Selbst die Ein- und Ausreisestempel waren Falsifikate

tinien mitgebracht hatte. Er kehrte jetzt dorthin zurück, nachdem er in Chile einige Verträge abgeschlossen hatte. So lautete seine Legende. Auf dem Hintersitz wurden Jacken und Pullover gelegt, um den steilen Winkel der Rückenlehne zu tarnen und die Luftlöcher zu verdecken, durch die ich atmen konnte. Der deutsche Genosse hatte mir einige Pillen gegeben, sie stimmten mich ruhig. Mich befiel trotzdem Platzangst, aber ich war zu benommen.

Gegen 14.30 Uhr kamen wir in Portillo an. Wir mussten etwas warten. Dann hörte ich, wie jemand mit meinem Fahrer sprach. Nach einigen Fragen und der Durchsicht verschiedener Dokumente verlangte er eine Bescheinigung, die man aber nicht hatte.

›Aber als ich mich gestern nach allen erforderlichen Formalitäten erkundigt habe, hat niemand über diese Bescheinigung informiert‹, beschwerte sich einer, offenkundig der Fahrer. ›Diese Anordnung gibt es erst seit heute. Es handelt sich um eine Erlaubnis, die die nächste Militärdienststelle erteilt, damit das Fahrzeug passieren darf.‹ Der Fahrer beharrte darauf, dass ihm niemand etwas davon gesagt habe. Bei der Passage vor einigen Tagen habe es das nicht gegeben. Er müsse jedoch noch heute unbedingt über die Grenze.

Wir fuhren zurück, ich hatte schreckliche Angst, ich glaubte, dass nun das Ende der Tragödie gekommen sei, alles begann zusammenzubrechen. Wir fuhren einige Kilometer, und der Fahrer hielt an, um mit mir das weitere Vorgehen zu beraten. Der Genosse gab sich die Schuld für die Situation, er versicherte mir mehrmals, dass er am Vortage alles genau erkundet habe. Das Problem war ernst. Wenn die Militärdienststelle für das Auto die Grenzpassage autorisieren muss, war nicht auszuschließen, dass sie das Fahrzeug gründlich untersuchten, deshalb war es unmöglich, diese Sache mit mir im Versteck vorzunehmen.

Wir entschieden, dass ich mich im Gebirge verstecke und, wenn er es nicht schaffen sollte, an diesem Nachmittag zurückzukommen, so käme er in den Morgenstunden des nächsten Tages. Es war klar, dass ich nirgendwo anders übernachten konnte. Der Genosse versicherte mir, dass er alles Erdenkliche tun werde, um so schnell wie möglich zurückzusein.

Einmal mehr half mir jetzt meine sportliche Vergangenheit. Als Skifahrer habe ich dieses Gebiet kennengelernt. Ich sagte dem Fahrer, dass er eine kleine Brücke suchen solle, die sich an der Abfahrt zwischen Portillo und Juncal befindet. Er hielt so nahe wie möglich an der Brücke, so als hätte er eine Reifenpanne. Es war nicht einfach, mich aus dem Versteck zu befreien. Es war eine Erleichterung, das Auto zu verlassen. Mein Körper war steif und schmerzte.

Ich stieg schnell in die Schlucht hinunter und versteckte mich hinter mächtigen Felsen. Ich war bereit, die Nacht hier zu verbringen, falls es der Genosse nicht schaffte, vor 17 Uhr zurückzukehren.

Dieser machte sich Sorgen wegen der Kälte in der Nacht hier oben, aber ich fühlte mich stark genug, die eine Nacht im Freien zu überstehen. Ich suchte mir etwas Gestrüpp und fertigte daraus ein provisorisches

Grenztunnel bei Portillo in den Anden in 3.000 Meter Höhe über dem Meer

Bett. Dort setzte ich mich nieder, um die Brücke zu beobachten. Es waren zwei unendliche Stunden mitten im Gebirge.

Pünktlich um 17.00 Uhr – wie in einem Gedicht von Garcia Lorca – sah ich das Auto über die Brücke kommen. Er hielt an und begann einen Reifenwechsel zu simulieren, um mir zu ermöglichen, in mein Versteck im Kofferrraum zu steigen. Er erzählte mir, dass ihm sein deutscher Akzent und sein Auftreten geholfen hätten, vor allen anderen bedient zu werden.

Wir fuhren mit hoher Geschwindigkeit durch die vielen Kurven hinauf in die Kordilleren.

Wir beide wussten, wenn wir es nicht schafften, gerieten wir in schwere Bedrängnis. Ich konnte weder die ganze Nacht im Auto verbringen noch in einem Hotel absteigen, sollte dies auch noch so abgelegen sein.

Außerdem befanden wir uns im Grenzgebiet und wussten, dass hier die militärische Überwachung nachts besonders intensiv ist.

Wir kamen genau zum Zeitpunkt der Schließung am Tunnel an. Ich hörte sagen, dass man nun niemanden mehr abfertigen werde. Vernahm, wie die Autotür kräftig zugeschlagen wurde und der deutsche Genosse einem Offizier erklärte, dass er noch heute dringend nach Mendoza müsse.

›Meine Frau ist schwer krank‹, sagte er, ›ich muss heute noch ein Flugzeug bekommen‹.

Es war ein sehr vornehmer Mann, gut gebildet, sprach mit solcher Überzeugung, dass die Zöllner ein Einsehen hatten. ›Schauen wir mal. Öffnen Sie den Kofferraum.‹ Es war eine sehr oberflächliche Kontrolle.

Ich hörte das Wort ›pase‹ und fühlte eine ungeheure Freude, es war unbeschreiblich. Es war ein Tag enormer Anspannung, und jetzt war es, als ob plötzlich der Druck aus einem Dampfkessel herausgelassen würde. An der argentinischen Grenze gab es keine Probleme bei der Abfertigung. Wir fuhren gleich weiter nach Mendoza.

Ich wünschte, mich nun normal in das Auto zu setzen, aber mein Begleiter ließ das nicht zu: ›Es ist gefährlich, jemand könnte Sie erkennen. Ich habe den Auftrag, Sie so nach Mendoza zu bringen. Ich weiß, dass es nicht bequem ist, aber davon werden Sie nicht gleich sterben.‹

Die Fahrt war lang, bis wir in einer kleinen Herberge außerhalb von Mendoza ankamen. Hier erwartete mich der ehemalige Botschafter der DDR in Chile, Friedel Trappen. Er war aus Berlin gekommen, um mich abzuholen.

Wir ließen uns nicht im Speiseraum nieder, sondern begaben uns in ein einfaches Schlafzimmer, wohin der Botschafter mir auch das Essen brachte. Man wollte keinerlei Risiko eingehen.

Ich empfand eine außergewöhnliche Mischung aus Glück und Trauer; es war eine Vereinigung widersprüchlicher Gefühle, die mich abwechselnd befielen.

Zum ersten Mal seit dem 11. September fühlte ich mich lebendig. Inzwischen waren zwei Monate vergangen, in denen ich nicht eine Sekunde daran gezweifelt hatte, dass man mich ermorden würde. Ich hatte immer das Gefühl, dass ich ein zum Tode Verurteilter sei.

Am nächsten Morgen reisten wir nach Buenos Aires weiter. Jetzt ließ man mich bequem im Auto sitzen und nicht in diesem Versteck, in dem ich Chile verlassen hatte. Wir fuhren in die Wohnung eines hohen Angestellten der DDR-Botschaft. Das Haus war streng bewacht, und auch hier gestattete man nicht, dass ich relativ normal leben konnte. Ich war wiederum eingesperrt in einer verschlossenen Wohnung, bis mir nach drei oder vier Tagen ein argentinischer Pass mit falschem Namen gebracht wurde. Kurz danach flogen wir nach Europa.

In der DDR empfing mich Erich Honecker, er zeigte sich glücklich über das Ergebnis der Operation.

Ich war in sehr schlechter Verfassung. Mein körperlicher Zustand war jammervoll, ich wog etwa 58 Kilo.

Meine Gemütsverfassung war auch nicht viel besser. Die Deutschen, die sehr rücksichtsvoll sind, schickten mich sofort in ein Erholungsheim, damit ich mich erholte.

Ich erinnere mich, dass mich Erich Honecker wenige Tage nach meiner Ankunft einlud, um einen Film über Chile anzusehen. Es war ein Streifen über die Zeit der Unidad Popular, ein Dokumentarfilm, in dem man den enormen Enthusiasmus der Menschen sah, Tausende von Menschen, die bis zum letzten Moment an den Sozialismus glaubten, den wir aufbauen wollten.

Es war ein großartiges Dokument, mit realen Tatsachen, keine Erfindungen von Kommunisten oder Marxisten-Leninisten, es zeigte die wirkliche Freude, die viele Chilenen während der Zeit der Unidad Popular erlebten. Ich konnte diesen Film nicht ertragen. Der Kontrast zu dem, was wir jetzt erfahren mussten, und was wir vorher erlebten, war zu groß. Ich begann, eine schreckliche Beklommenheit zu spüren, die Ungerechtigkeit, die wir ertragen mussten, hatte mich überwältigt. Was war unser Verbrechen, warum ermordete man uns?

Ich wusste, dass ein Putsch schrecklich ist, aber der abstrakte Begriff ist das eine, das andere ist, den Horror zu erleben. Niemals hatte ich eine Vorstellung vom Ausmaß der Perversität, diesen abgrundtiefen Hass, auch der Infamien, die El Mercurio verbreitete.

Diejenigen, die mich jetzt beschuldigten, waren die Gleichen, die mich Tage zuvor mit größtem Respekt behandelt hatten und die sich nicht getrauten, mit mir im Fernsehen in einem Forum öffentlich aufzutreten.

Jetzt konnten sie sagen und tun, was sie wollten, selbst töten.

Ich erinnerte mich an die vielen armen Leute, die ihr Leben riskiert hatten, jene, die im Dokumentarfilm gezeigt wurden. Schwer bedrückte mich die Widersprüchlichkeit der menschlichen Seele, die in den höchsten Höhen zu Erhabenheit, Uneigennützigkeit und Edelmut, aber auch in den tiefsten Tiefen zu Feigheit, Erbärmlichkeit und Erniedrigung gelangen kann.

Ich weinte wie ein Kind.

Honecker umarmte mich. ›Beruhige dich, es geht alles vorbei.‹«

Nun ja, manche Details, derer sich Altamirano erinnerte, decken sich nicht mit meinen Erinnerungen, aber sein Text ist wie der meinige das einzige authentische Zeugnis von der einmaligen Schleusungsauktion 1973.

Carlos Altamirano, Generalsekretär der Sozialistischen Partei, bei einer Kundgebung vor dem Putsch, 1973

Alle an der Aktion Beteiligten hielten sich an das vereinbarte Stillschweigen. Erst 1989 offenbarte Carlos Altamirano in einem Interview, wer ihn am 5. November 1973 aus Chile nach Argentinien gebracht hatte, wem er also sein Leben verdankte.

Altamirano blieb bis 1980 in der DDR und wechselte dann nach Paris, von wo aus er den Widerstand in Chile meinte besser führen zu können. Dieser Widerstand war insofern erfolgreich, als am 5. Oktober 1988 ein Volksentscheid in Chile durchgesetzt werden konnte. Der selbstsichere Pinochet hatte dem zugestimmt, weil er – in Verkennung der Lage im Lande – davon überzeugt war, dass ihm eine Mehrheit das Weiterregieren bis zur Jahrtausendwende ermöglichen würde. Allerdings wollten das nur 43 Prozent. Eine Mehrheit der Chilenen erzwang die Abdankung des Diktators. Spätestens im Dezember 1989 sollte mit dem Parlament auch sein Nachfolger gewählt werden.

Mehr als 100.000 Chilenen waren vor den Todesschwadronen der Militärs ins Ausland geflohen, Hunderte kämpften im Untergrund gegen das Regime. Mit dem Instrumentarium des Kriegsrechtes, des Ausnahmezustands und einem nie klar definierten Notstandsgesetz terrorisierte die allmächtige Geheimpolizei die Chilenen anderthalb Jahrzehnte nach Belieben. Tausende Menschen verschwanden spurlos, wurden zu Tode gefoltert, angeblich auf der Flucht erschossen oder von Killerbanden in Zivil umgebracht.

Nicht minder verhängnisvoll waren Pinochets Eingriffe in die Ökonomie des Landes, die ja die eigentlichen Intentionen der USA waren. Unter dem Motto »Paradies der Marktwirtschaft« folgte die Junta sklavisch den Lehren des amerikanischen Neo-Liberalen Milton Friedman, was zum Ausverkauf der chilenischen Volkswirtschaft an ausländische Investoren führte. Schüler aus Friedmans Chicago-Schule – die sogenannten Chicago Boys – fanden in Chile ein willkommenes Experimentierfeld. Prof. Gary Becker, ein US-Ökonom, der 2007 von Präsident George W. Bush mit der höchsten zivilen Auszeichnung der USA bedacht werden sollte, sagte 1997 über die Chicago Boys: »In der Retrospektive war ihre Bereitschaft, für einen grausamen Diktator zu arbeiten und eine andere ökonomische Herangehensweise zu entwickeln, eine der besten Sachen, die Chile passieren konnte.« Sie hätten aus Chile ein »ökonomischen Vorbild für alle Entwicklungsländer« gemacht.

Carlos Altamirano kehrte 1992 nach Chile und ins Privatleben zurück. Er verstarb 2019.

Clodomiro Almeyda, Allendes Außenminister, war zusammen mit 99 anderen politischen Führern der UP in das Konzentrationslager Pitroque auf der Insel Dawson inhaftiert und schließlich ins Exil verbannt worden, er ging in die DDR, wo er bis 1987 lebte. Nach dem Sturz der Junta ernannte ihn der neue Präsident Patricio Aylwin 1990 zum Botschafter in der Sowjetunion. Dort, in der chilenischen Botschaft, gewährte Almeyda Margot und Erich Honecker 1991/92 Asyl. Almeyda kehrte 1992 ins Privatleben zurück und starb 1997.

Senator Luis Corvalan, einer der Köpfe der Unidad Popular und seit 1958 Generalsekretär der KP Chiles, war bis 1976 auf der KZ-Insel Dawson inhaftiert und wurde in Zürich gegen den sowjetischen Dissidenten Wladimir Bukowski ausgetauscht, weshalb er Asyl in der Sowjetunion nahm. 1988 kehrte auch er nach Chile zurück. Bis zu seinem Tod 2010 gehörte er dem Zentralkomitee der KP Chiles an.

2008 besuchte ich Margot Honecker in Santiago de Chile, Erich Honecker war bereits vierzehn Jahre tot. Sie erkundigte sich nach dem Ex-Mann ihrer Tochter Sonya und dessen Schicksal, soweit es mir bekannt war. Leonardo Yáñez Betancourt – Deckname »Roberto« – war am 12. September 1973 an der Technischen Universität mit Studenten, Lehrkräften und dem dort als Dozenten tätigen Musiker und Theaterregisseur Victor Jara festgenommen und ins Estadio Chile verbracht worden. Jara wurde dort am 16. September mit 44 Schüssen niedergestreckt, nachdem man ihm die Hände gebrochen hatte. (2003 wurde das Stadion anlässlich des 30. Jahrestages seiner Ermordung in *Estadio Víctor Jara* umbenannt.)

Leonardo Yáñez hingegen war aus der Haft entlassen worden. Honecker sorgte sich dennoch um seinen Schwiegersohn und veranlasste, dass die HV A jemanden nach Santiago schickte, der sich um die Sicherheit von Yáñez kümmerte. Dieser Jemand war Paul Ruschin. Er holte »Roberto« in die Botschaft. Nunmehr war er ebenfalls ein sogenannter Asylierter.

Meine Chefs in Berlin nahmen an, dass er im Stadion von der Gegenseite unter Druck angeworben sein könnte, denn warum sonst hatte man ihn laufen lassen? Diese Vermutung führte auch dazu, dass mein Vorschlag, »Roberto« legal in die DDR ausreisen zu lassen, was seit Ende des Jahres 1973 möglich war, zunächst abgelehnt wurde. »Roberto« blieb darum ein Asylierter.

Ich kümmerte mich um ihn und fühlte ihm auf den Zahn. Er war ganz gewiss nicht übergelaufen. Yáñez war einerseits zu naiv, andererseits wohl auch zu feige, um sich auf einen Geheimdienstdeal einzulassen. Seine Unbedarftheit merkte ich allein an der Tatsache, dass er sich seines operativen Werts als Schwiegersohn eines europäischen Staatschefs nicht im Geringsten bewusst war.

Meine Einschätzung übermittelte ich Berlin. Meine Vorgesetzten glaubten mir. Dennoch hielt man den Ball weiterhin flach und sich »Roberto« vom Halse.

Anfang November war die »Neubrandenburg« in Valparaiso eingelaufen, um 4.000 Tonnen Kupfer zu übernehmen. Ursprünglich war auch geplant, mit dem Schiff untergetauchte Chilenen außer Landes zu bringen. Dafür waren entsprechende Verstecke an Bord eingerichtet worden. So sollten Gladys Marin, Orlando Millas, Julietta Cambusano, Mirella Baltra und andere verfolgte Funktionäre sicher übers Meer in die DDR gebracht werden. Dadurch aber, dass die Junta inzwischen die legale Ausreise von in Botschaften Asylierten erlaubte (*Salvoconducto*), hatte sich die Notwendigkeit einer illegalen Ausreise auf diesem Wege erledigt.

Allerdings, so berichtete ich Margot Honecker wahrheitsgemäß, hatte der Schiffsarzt Dr. Fenske – tatsächlich handelte es sich um den Referatsleiter Lateinamerika der Auslandsaufklärung – »Roberto« hinter unserem Rücken zu überzeugen versucht, mit der »Neubrandenburg« zu fliehen. (Was ihm eine spätere Rückkehr unmöglich machen würde.) Augenscheinlich war der Genosse mehr an einer Auszeichnung als an der Sicherheit von Leonardo Yáñez interessiert. »Roberto« informierte mich über Fenskes Vorschlag, und ich führte eine heftige Auseinandersetzung mit dem Schiffsarzt.

Honeckers Schwiegersohn blieb noch einige Zeit in unserer Botschaft, ehe Berlin grünes Licht gab. Er reiste mit 32 anderen Asylierten legal nach Finnland aus. Eine Interflugmaschine holte sie in Helsinki ab und brachte ihn und die anderen Flüchtlinge in die DDR.

Konspirative Hilfe der DDR im Widerstand bis 1987

Anfang Dezember 1973 lief das von der Kuba-Route umgeleitete DDR-Schiff »Neubrandenburg« in Valparaiso ein. Es sollte, wie schon erwähnt, offiziell viertausend Tonnen Kupfer und inoffiziell gefährdete Chilenen an Bord nehmen und außer Landes bringen. Dazu waren diverse Verstecke im Schiff installiert worden.

Von diesem Plan wurde jedoch Abstand genommen. Inzwischen erteilte das chilenische Außenministerium Passierscheine (*salvoconducto*), für die in den Botschaften ausharrenden Chilenen. Die von den Botschaften eingereichten Listen wurden systematisch abgearbeitet. So war es nur eine Frage der Zeit und der Geduld, bis alle Verfolgten das Land legal verlassen haben würden. Die Junta wollte sich außenpolitisch als verlässlich erscheinen lassen.

Der Kapitän der »Neubrandenburg« lud die Diplomaten der Schutzmacht Finnland am 6. Dezember zu einem Empfang aus Anlass des finnischen Nationalfeiertages ein. Damit bot sich eine willkommene Gelegenheit, das Vertrauen für die weitere Zusammenarbeit mit der DDR-Restgruppe zu vertiefen. Auch Botschafter Tapani Brotherus kam an Bord. Der 35-jährige Diplomat nahm die Aufgaben der Schutzmacht sehr ernst und rettete Hunderte Chilenen vor dem Tode. Für diese beachtliche Leistung ehrte die DDR ihn später mit dem »Stern der Völkerfreundschaft«. Es heißt, dass er etwa zweieinhalbtausend Chilenen zur Ausreise verhalf, 1.700 von ihnen fanden Aufnahme in der DDR. Nach fünf Jahren in Chile war Tapani Kaarle Heikinpoika Brotherus Botschafter in Teheran, Islamabad, Pretoria und Athen.

Die exilierten Chilenen erfuhren in der DDR durchweg hohe Anerkennung und Solidarität. Sie erhielten Wohnungen, Arbeit, Ausbildungs- und Studienmöglichkeiten, aber auch umfassende Hilfe und Unterstützung im Kampf gegen die Pinochet-Diktatur.

Verantwortlichen Vertretern der UP wurden Büros zur Verfügung gestellt, und sie erhielten einen diplomatischen Status. Die Betreuung der Chilenen – darunter Carlos Altamirano – erfolgte unter der Regie der Abteilung Internationale Verbindungen des Zentralkomitees der SED und durch Einrichtungen des Ministeriums für Auswärtige Angelegenheiten der DDR.

Bis in die 80er Jahre hinein gab es sporadische Aktionen einzelner Widerstandsgruppen in Chile. Das waren zumeist Sabotageakte, die sich gegen militärische und infrastrukturelle Einrichtungen der Junta richteten.

So wurde etwa der Sohn von Luis Canales Anfang Dezember 1973 bei dem Versuch getötet, mit seiner Gruppe der Kommunistischen Jugendverbandes die Masten einer Überlandleitung zu sprengen. Luis Canales, in der KP verantwortlich für die Finanzen und für die Wirtschaftsbetriebe der Partei, hatte ebenfalls in unserer Vertretung Schutz gefunden.

Die spektakulärste Aktion, die bekannt wurde, richtete sich direkt gegen Pinochet im Cajón de Maipo. Der Anschlag misslang, weil die auf die gepanzerte Limousine abgefeuerte Rakete nicht explodierte. Verantwortlich dafür war eine Gruppe junger Kämpfer der Kommunistischen Jugendverbandes und der *Movimiento de Izquierda Revolucionaria* (MIR; Bewegung der revolutionären Linken).

Bekannt wurden auch Aktionen, bei denen Spitzel, Verräter und Folterknechte ausgeschaltet wurden.

Die vordringliche Aufgabe des Widerstandes bestand jedoch darin, die Organisationsstrukturen der UP-Parteien aufrechtzuerhalten, gefährdete Kader in sicheren Verstecken unterzubringen, ihnen, wenn nötig, das Asyl in einer Botschaft zu ermöglichen oder sie ins Ausland zu schleusen, Kommunikationswege zu schaffen, zu sichern und zu erneuern, wenn sie von der *Dirección de Inteligencia Nacional* (DINA), des nationalen Geheimdienstes, zerstört worden waren, Informationen zu sammeln und gegen die Junta gerichtete Propagandaaktionen zu starten.

Eine bedeutende Rolle spielten dabei auch die Kontakte zu UP-Anhängern, die unentdeckt in den Reihen der chilenischen Streikräfte *Fuerzas Armadas de Chile* (FF.AA.) und Carabineros ihre Positionen gehalten hatten, obwohl in den Streitkräften mehrere brutale Säuberungen erfolgten. Alleine bei den Luftstreitkräften gab es mehr als 900 Verhaftungen, viele Soldaten wurden ermordet. (Unter den Opfern war auch Brigadegeneral Alberto Bachelet, der Vater von Michelle Bachelet, der nachmaligen Präsidentin Chiles. Er starb unter der Folter am 12. März 1974.)

Zu den nicht minder wichtigen Aufgaben des Widerstandes gehörte es auch, den Angehörigen der Verhafteten, Verschwundenen und Getöteten Unterstützung zu gewähren. Diese Solidarität wurde von vielen Chilenen geleistet, auch wenn sie keiner Widerstandsgruppe angehörten. Infolge der Gräueltaten der Junta bildeten sich spontan viele neue Widerstandsnester, die ihre eigenen praktischen Erfahrungen im illegalen Kampf sammelten. Dabei wurden Fehler gemacht, es gab Leichtsinn und Disziplinlosigkeit, die angesichts eines gut ausgebildeten und hervorragend ausgerüsteten Gegners teuer bezahlt wurden.

Mit der DINA hatte sich die Junta einen zentralen Geheimdienst geschaffen, dem die Dienste der einzelnen Teilstreitkräfte und der Carabineros untergeordnet waren. Ihm standen nicht nur beträchtliche personelle und materielle Mittel zur Verfügung, sondern die DINA und seit 1977 ihre Nachfolgeeinrichtung, die CNI (*Central Nacional de Inteligencia*), operierten mit der Unterstützung von CIA-Mitarbeiten. Sie wurden auch von brasilianischen Folterspezialisten beraten.

Der Kommandeur, General Manuel Contreras, unterstand direkt Pinochet. Diese Terrororganisation verübte auch im Ausland Mordanschläge. (Contreras sollte nach dem Sturz der Junta in 59 rechtskräftigen Urteilen wegen Entführung, Folter, Verschwindenlassen von Menschen und Mord zu insgesamt 526 Jahren Haft verurteilt werden.)

Zu den ersten Opfern der DINA zählten bekannte Angehörige der Streitkräfte, Funktionäre und Mitglieder der UP-Parteien. Sowohl die KP als auch die SP verloren ihre ersten illegalen Leitungen. Erst im Laufe eines längeren Prozesses formierten sich aus weniger bekannten Kadern neue Leitungsstrukturen.

Von den prominenteren Politikern der UP befanden sich zum Zeitpunkt des Putsches lediglich Orlando Letelier (SP) und Volodia Teitelboim (KP) im Ausland. Sie unternahmen alle Anstrengungen, um die weltweite Protest- und Solidaritätsbewegung zu stärken und zu koordinieren und die über das Asyl ins Ausland kommenden Kader ihrer Parteien zu sammeln und zu organisieren. Nach der Ausschleusung von Carlos Altamirano richtete seine Partei eine ihrere Auslandszentralen in Berlin ein. Dort sammelten sich im Laufe der Zeit viele namhafte Kader.

Die Herstellung einer stabilen Verbindung zu den illegal operierenden Widerstandskräften in Chile wurde zu einer immer vordringlicheren Aufgabe.

In dieser Situation half die Staats- und Parteiführung der DDR, die aus den bitteren Erfahrungen der Illegalität zwischen 1933 und 1945 die Bedeutung und den Wert einer Verbindung zur Außenwelt kannte. Es bot sich an, die in Chile verbliebene DDR-Restgruppe als Verbindungsglied zwischen den Auslandsleitungen der UP-Parteien und dem inneren Widerstand zu nutzen.

Schon Ende September 1973 nahm die Führung der KP Chiles Kontakt zur Mitarbeitergruppe auf. Man kannte sich aus früheren Arbeitskontakten zu Journalisten und Außenhändlern aus der DDR. Im Vordergrund stand zunächst nur eine Frage: »Könnt ihr uns helfen, gefährdeten Genossen zumindest zeitweise Unterschlupf zu gewähren?«

Allerdings erfuhren auch sie aus Gründen der Konspiration nicht, dass sich Altamirano bereits unter unserem Dach befand und seine Ausschleusung vorbereitet wurde. Deshalb verhielten sich die Genossen aus der DDR zunächst etwas abweisend. Gleichwohl wurden zu jener Zeit der Studentenführer Alejandro Rojas und Hugo Fazio, Vizepräsident der chilenischen Zentralbank, mit seiner Familie nach vorheriger Abstimmung mit Berlin in der Botschaft aufgenommen. (Während seiner monatelangen Wartezeit bis zur Ausschleusung begann er, Berichte über die Wirtschaftslage, später »Wirtschaftsbriefe« genannt, zu verfassen, die er ins Ausland verschickte und die im *Berliner Rundfunk* ausgestrahlt wurden.)

Gemeinsam sicherten wir konspirativ wichtige Dokumente und einen Teil des Barvermögens der KP-Führung. So stand eines Vormittags ein bekannter chilenische Genosse vor dem Botschaftstor und übergab zwei große Beutel mit Brötchen, unter denen Geld und Dokumente versteckt waren. Gleichzeitig bat er um Hilfe für einen Genossen, der sich mit dem Rest der »Brötchen« in einem nahegelegenen Armenviertel aufhielt, das von der Polizei weiträumig abgesperrt war. Dort stand offensichtlich eine Großrazzia bevor. Erkennungszeichen, Uhrzeit und Treffpunkt der Übergabe waren bereits vereinbart, es blieb gerade einmal eine

Stunde. Nach kurzer Beratung fuhren Konsul Horst Richel und ein Mitarbeiter mit ihren CD-Fahrzeugen los. Auf einem Parkplatz in der Nähe des Treffpunktes trennten sie sich und der mit seinem Diplomatenpass etwas besser geschützte Konsul drang unbehelligt in den Sperrbezirk ein, übernahm die »Brötchen« am vereinbarten Ort und fuhr zurück zu seinem wartenden Kollegen. Unterwegs war ihm aufgefallen, dass er »Begleitung« erhalten hatte: Ihm folgte ein von jungen Männern in Zivil besetzter Peugeot 404, ein Fahrzeugtyp, der vorzugsweise von der DINA benutzt wurde.

Nach kurzer Beratung auf dem Parkplatz übergab Richel seinem Begleiter demonstrativ eine große, aber leere Aktentasche. Der Genosse fuhr mit hoher Geschwindigkeit in Richtung Stadtzentrum – verfolgt vom Peugeot. In der Zwischenzeit konnte der Konsul die »Brötchen« unbehelligt in die Vertretung bringen.

Grundsätzlich orientierte die Inlandsleitung der KP darauf, dass die Mitglieder ihrer Partei und die des Kommunistischen Jugendverbandes im Lande verblieben und sich in den illegalen Kampf einbrachten.

Nach den guten Erfahrungen, die bei der Sicherstellung von Parteigeldern und -dokumenten gemacht worden waren, sollten wir die Arbeitsfähigkeit der Gruppe gewährleisten, die von der KP-Führung mit diesen Fragen betraut war. So wurden wir ersucht, den Ressortverantwortlichen, Luis Canales (von uns respektvoll mit *Don Lucho* angeredet), und den Anwalt Guillermo Montecinos bei uns aufzunehmen. Beide sollten bis zur Sicherung des Parteivermögens und bis zur Regelung anderer finanztechnischer Probleme im Lande verbleiben und von einem sicheren Unterschlupf aus ihre Aufgaben lösen.

Mit der Zustimmung aus Berlin wurden beide aufgenommen, Guillermo zog in der Botschaftsschule ein, Don Lucho bezog ein Gästezimmer in der ehemaligen Residenz des Botschafters. Dort wohnten Dr. Voigt, der Leiter der DDR-Gruppe, und seine Frau, Horst und Doris Richel sowie ein chilenisches Ehepaar, auf dessen Verschwiegenheit wir uns verlassen konnten.

Don Lucho, ein älterer, bescheidener und kluger Genosse gehörte nun zur Familie.

Der Finanzapparat der Partei war auf die illegale Arbeit relativ gut vorbereitet und verfügte über ein eigenes Verbindungssystem, in das der nun verantwortliche Genosse des MfS problemlos einbezogen werden konnte. Als Helferinnen und Boten fungierten oft junge, attraktive, weibliche Mitglieder des Kommunistischen Jugendverbandes, die sich durch Mut und Umsicht auszeichneten.

Ein weiteres Anliegen, das die chilenischen Genossen vortrugen, betraf die Kommunikation. Sie wollten die technischen Möglichkeiten der Botschaft nutzen, um einen Verbindungskanal zu der inzwischen von Volodia Teitelboim in Moskau konstituierten KP-Auslandsleitung zu etablieren. Auch dazu erfolgte eine Zusage. Mit der chiffrierten Telexverbindung, dem über die finnische Botschaft gut funktionierenden diplomatischen Kurierweg und über die Ein- und Ausreisebewegungen von DDR-Dienstreisenden, Kundendiensttechnikern und den Mitarbeitern der Restgruppe existierten günstige Voraussetzungen.

Die ersten Zusammenkünfte dienten vor allem der Etablierung eines konspirativen Verbindungssystems mit Zeichenstellen, Toten Briefkästen, telefonischen Signalvereinbarungen, Einwurfschleusen, Trefforten, Not- und Warnzeichen etc. Das war ein Prozess des Gebens und Nehmens, in dem sich die jungen chilenischen Genossen als äußerst umsichtige, mutige und intelligente Kampfgefährten erwiesen. Dieses Verbindungssystem, das im Laufe der Jahre ständig verbessert und den sich verändernden Bedingungen angepasst wurde, leistete hervorragende Dienste. Die Akteure auf beiden Seiten wechselten mehrfach.

Der illegalen Leitung der KP und der später unter Luis Corvalan in Moskau tätigen Auslandsleitung stand in all den Jahren ein stabiler und sicherer Verbindungsweg zur Verfügung, der vor allem zur Nachrichtenübermittlung, gelegentlich auch für die Übermittlung von Geldbeträgen und von technischen Hilfsmitteln, zu keinem Zeitpunkt aber zur Lieferung von Waffen oder militärischen Ausrüstungen genutzt wurde.

Die Leitung der Sozialistischen Partei Chiles und das in Berlin tätige UP-Zentrum »Antifaschistisches Chile« nutzte gleichfalls diesen Kanal.

Auch die Restgruppen der UdSSR, der ČSSR, Ungarns und zeitweise auch Polens nutzten die DDR-Telexverbindungen. Es entwickelten sich gute Kontakte und eine erfolgreiche Zusammenarbeit mit Mitarbeitern der UdSSR in der *Wirtschaftskommission für Latein-*

amerika und die Karibik (CEPAL) und dem Leiter der ČSSR-Firma TRACO.

Im Jahre 1987 konnten die konspirativen Aktivitäten eingestellt werden, da sich ein politischer Wechsel andeutete.

Der Brückenkopf der DDR in Chile war bis auf zwei Familien geschrumpft, die unter dem Schutz Rumäniens standen. Die DDR-Restvertretung nahm fortan nur noch technisch-kommerzielle Funktionen wahr und wurde zu diesem Zweck von der Kammer für Außenhandel später wieder personell verstärkt.

Die politische Opposition in Chile hatte in der Zwischenzeit im illegalen Kampf gut organisierte und effektivere Strukturen geschaffen. In dieser Zeit begann auch die Rückkehr der ersten UP-Funktionäre und -Anhänger, die bisher im Exil gelebt hatten. Das stärkte den Widerstand im Inneren und eröffnete ihm immer wirkungsvollere, später auch legale Möglichkeiten. Die Bedeutung der Auslandszentralen der UP-Parteien ging folgerichtig zurück.

Ich selbst war im März 1975 in die DDR zurückgerufen worden, musste aber erneut 1978 nach Chile reisen. Hintergrund war die Tatsache, dass die technischen Kanäle, die von unserer Vertretung betrieben wurden, die einzigen waren, über die die Restgruppen der anderen sozialistischen Staaten verfügten. Insbesondere die tschechoslowakischen und die sowjetischen OibE verließen sich auf unsere internationalistische Hilfe. Wir waren in gewisser Weise der Meldepunkt des sozialisti-

EL MINISTERIO DE RELACIONES EXTERIORES certifica que la fotografía y la firma que figuran a continuación pertenecen a l
Señor Rudolf Herz
Funcionario del Grupo de Trabajo de la R.D.A. en la Embajada de Rumania en Chile.

y ruega a las Autoridades Civiles y Militares se sirvan acordarle las facilidades compatibles con los reglamentos vigentes.

Santiago, octubre 23 de 1980

POR EL MINISTRO

DIRECTOR DEL PROTOCOLO

ESTA CEDULA ES VALIDA PARA EFECTOS DEL RUT

Nº 49.001.891-3

FIRMA

Rudolf Herz alias OibE »Kern« war von 1978 bis 1983 erneut in Chile, hier sein chilenisches Dokument

schen Lagers in Santiago. Und am Tor unserer Vertretung hing das Botschaftsschild Rumäniens, das hatte nach Finnland die Schutzmachtfunktion übernommen. Ich reiste mit meiner Frau, unsere beiden Kinder waren im Internat des Außenministeriums in Königs Wusterhausen untergekommen. Und ich bekam als »Mitarbeiter der DDR in der Botschaft Rumäniens«, unserer jetzigen Schutzmacht, den Diplomatenstatus: Ich war Handelsattaché.

Es gab allerdings noch einen weiteren Grund, weshalb Berlin OibE Kern erneut in Marsch gesetzt hatte.

Chile war seit 1969 im Rahmen des Andenpaktes (CAN) mit Bolivien, Ekuador, Kolumbien und Peru verbunden, 1973 hatte sich auch Venezuela dem Bündnis angeschlossen, das sich die wirtschaftliche, politische und soziale Integration dieser Staaten zum Ziel gesetzt hatte. Die chilenische Junta trat 1976 aus diesem Bündnis aus.

Im Süden Südamerikas verläuft der Beagle-Kanal, eine natürliche Wasserstraße in Feuerland, die den Atlantik mit dem Pazifik verbindet. Sie war 1831 von der Besatzung des britischen Forschungsschiffs *Beagle* entdeckt worden und bildete seit 1881 die Grenze zwischen Chile und Argentinien. In der Mündung des Kanals liegen die Inseln Lennox, Picton und Nuevo, zusammen knapp vierhundert Quadratkilometer subpolares, baumloses Grasland. Die drei Inseln gehören zu Chile, doch wegen der strategischen Lage erhob Argentinien – dort herrschte seit 1976 ebenfalls eine Militärjunta – Anspruch auf dieses Territorium.

Anstoßen zum Jahreswechsel 1982/83 mit der Restgruppe in der einstigen DDR-Botschaft in Santiago

Die Spannungen nahmen auch wegen des Austritts Chiles aus dem Andenpakt zu, weil Buenos Aires sich nunmehr größere Chancen ausrechnete. Argentinien drohte mit Krieg. Auch wenn dieser Konflikte am anderen Ende der Erde weit weg war von der DDR, so wollte Berlin doch gewissermaßen jemanden vor Ort haben, der sich in der Region inzwischen auskannte. Also schicke mich die HV A wieder nach Chile.

Chile und Argentinien beriefen unter der Obhut der britischen Krone ein Tribunal, bestehend aus von ihnen berufenen Richtern, die über die Zugehörigkeit der Inseln entscheiden sollten. Im Mai 1977 befanden die Richter: Die Inseln gehören nach wie vor zu Chile. Diesen Spruch akzeptierte Argentiniens Junta nicht. Und wenn sie sich nicht bereits im Konflikt mit Großbritan-

Die Köpfe hinter der Chile-Operation: Horst Jänicke (r.), Vizechef der Aufklärung, und Gotthold Schramm (l.), zuständig für die Sicherheit der DDR-Botschaften, 2004

nien um die ebenfalls in dieser Region liegenden Falklandinseln gelegen hätte, hätte es Krieg zwischen den beiden südamerikanischen Staaten, zwischen der chilenischen und der argentinischen Militärjunta, gegeben. So aber gab es einen kurzen Krieg zwischen Großbritannien und Argentinien, der den Zustand ante bellum auf den Falklandinseln herstellte. Der Union Jack wehte wieder über den Falklandinseln, und die argentinische Videla-Junta verschwand im Herbst 1983 von der Bildfläche.

Ich konnte nach fünf Jahren in Chile wieder nach Berlin zurückkehren.

Wie war 1973 die Situation in der Botschaft der BRD?

Die bundesdeutschen Diplomaten verfolgten sehr aufmerksam die Lage und die veränderten Verhältnisse in Chile. Auch sie waren vom Putsch am 11. September 1973 und der nicht erwarteten Härte und Brutalität des Vorgehens überrascht. Etliche Diplomaten unterhielten über die Arbeitskontakte hinausgehende persönliche Beziehungen zu Funktionären der Regierung Allendes. Bei den meisten regte sich Mitleid mit den Verfolgten, sie lehnten die menschenverachtenden Aktionen der Militärs ab. Viele wollten humanitäre Hilfe leisten und den Verfolgten Obdach in den Räumen der Botschaft anbieten. Darüber konnten die Botschaftsangehörigen allerdings nicht selbst entscheiden – darüber befand das Auswärtige Amt in Bonn, konkret Außenminister Walter Scheel.

Botschafter Kurt Lüdde-Neurath war erst kurze Zeit in Chile und zum Zeitpunkt des Putsches nicht im Lande. Nach seiner angeordneten Rückkehr nach Santiago verhielt er sich abwartend. Er orientierte sich am Verhalten der Botschaften der USA und Englands, die keine »Gäste« aufnahmen – im Gegensatz zu Frankreich, Schweden, den Niederlanden und anderen europäischen Vertretungen. Außerdem wusste er von der überwiegend ablehnenden bis feindlichen Haltung des größten Teils der deutschen Kolonie, vor allem der Grundbesitzer im Süden. Deutsche und Deutschstämmige gehörten zur politisch einflussreichen Mittelschicht in Chile, nicht wenige dienten im Offizierskorps in allen vier Waffengattungen. Lüdde-Neuraths neutrale Haltung verursachte eine paralysierende Spannung zwischen ihm und der Mehrheit seiner Diplomaten.

Spontan formierte sich in den europäischen Ländern eine breite Protest- und Solidaritätsbewegung, auch in der BRD. Unmut regte sich, als bekannt wurde, dass die Brandt/Scheel-Regierung ihrer Botschaft angewiesen hatte, den deutschstämmigen Eric Schnake, Anwalt und Mitglied der Partei Allendes, und andere Schutzbedürftige abzuweisen. Lüdde-Neurath wurde in Chile von europäischen Diplomaten und Pressevertretern deswegen scharf attackiert.

Der BRD-Botschafter Kurt Lüdde-Neurath (1911-1984), von 1973 bis 1975 in Chile akkreditiert

Die Massenaktionen der Protestbewegung in der Bundesrepublik zwangen schließlich die Bonner Regierung Lüdde-Neurath anzuweisen, die Botschaft für Schutzbedürftige zu öffnen. Allerdings bekam er auch Vorgaben. Nur wer auf einer Liste stand, durfte aufgenommen werden. Das war realitätsfremd. Die meisten der aufgeführten Personen waren Ende Oktober entweder bereits inhaftiert oder in einer anderen diplomatischen Vertretung untergekommen. Die aber hielten sich alle bedeckt. Wer wo untergekommen war, wurde nicht auf dem diplomatischen Parkett besprochen.

Wir erfuhren natürlich von der Kurskorrektur der westdeutschen Botschaft und den Grenzen für Lüdde-Neurath. Sie eröffnete für uns eine unerwartete Möglichkeit. Unter den »Gästen« der DDR-Botschaft befanden sich zwei Personen, die auf Lüdde-Neuraths Liste standen: Jose Miquel Varas, Chef des Radiosenders *Magallanes*, und Vladimir Chaves, Gouverneur der Bergarbeiterregion Rancagua. Beide waren Mitglieder der inzwischen verbotenen KP.

Unsere Quellen signalisierten, dass beide auf der Liste von Lüdde-Neurath standen. Danach schleusten wir unauffällig beide nacheinander in die Residenz des Botschafters. Vorher mussten sie uns versprechen, über ihren bisherigen Aufenthalt keinerlei Angaben zu machen. Das Versprechen hielten die beiden Genossen auch.

So erhielt der BRD-Botschafter von uns zwei vorzeigbare »Asylierte«, womit die Auslandsaufklärung der DDR die Ehre der westdeutschen Diplomatie rettete.

Lüdde-Neurath hoffte auch, den meistgesuchten Politiker, Carlos Altamirano, als »Gast« aufnehmen zu können. Wir schleusten ersatzweise mehrere Gruppen junger UP-Aktivisten bei ihm ein.

Als die Botschaft überfüllt war, zog Lüdde-Neurath in ein Hotel.

Verbindung zum inneren Widerstand

Die Stützen und Stärken der Unidad Popular und der Regierung Allende waren die Arbeiter in Industrie und Landwirtschaft und die armen Menschen aus den Callambas, den Stadtrandsiedlungen und Armenvierteln, aber auch viele jungen Menschen aus der Mittelschicht. Auf unzähligen Großkundgebungen, Meetings und Versammlungen wurde die breite Sympathie des Volkes demonstriert. Die wenigsten dachten ernsthaft daran, dass es erforderlich werden könnte, die demokratisch gewählte Regierung mit Waffengewalt zu verteidigen. Trotz bekannter politischer Differenzierungen in den Streitkräften vertraute man darauf, dass die verfassungstreuen Kräfte die Oberhand behalten würden. Nicht nur Allende und Altamirano bauten auf die Loyalität der Waffenträger im Lande.

Für den Schutz der wichtigsten Persönlichkeiten und einzelner Einrichtungen der UP gab es speziell ausgebildetes Personal, etwa die *Grupo de Amigos Personales* (GAP) um Allende. Die Personenschützer waren in Kuba ausgebildet worden. Die UP selbst verfügte lediglich über kleine Bestände von Handfeuerwaffen.

Aber Konzepte für offensive militärische Aktionen gab es nicht. Selbst wenn die Militärjunta nach dem Putsch der Öffentlichkeit in einem »Weißbuch« einen

»Plan Z« der Unidad Popular gegen die Streitkräfte vorlegte, diente das allenfalls der Rechtfertigung ihres Verfassungsbruches und des faschistischen Terrors gegen das chilenische Volk.

Während der Zeit der UP-Regierung gab es einzelne Ansätze zur Bewaffnung und militärischen Ausbildung, besonders von den linkssektierererischen Kräften der *Movimiento de Izquierda Revolucionaria* (MIR). Sie hatten sich als Reaktion auf die Sabotageaktionen der profaschistischen Organisation *Patria y Libertad* formiert. Aber Überlegungen, militärische Strukturen gegen die übermächtige Militärgewalt aller vier Waffengattungen aufzubauen, hatte es nie gegeben. Sie wären glatter Wahnsinn gewesen.

Die putschenden Militärs, die mit Bürgerkrieg gerechnet hatten, waren darum erstaunt, dass am 11. September gegen Mittag der »Krieg« vorbei war.

Die Regierung und einige Parteien hatten zwar einige Vorsichtsmaßnahmen für den Fall politischer Turbulenzen getroffen, sie waren aber weitgehend unausgereift und blieben wirkungslos. Gegen die unerwartete militärisch geführte Repression, die über Chile hereinbrach, konnte keine politische Kraft etwas ausrichten. Wer nicht gefasst und gefangen wurde, flüchtete in Verstecke und ins Ausland. Es gab weder konkrete Vorstellungen noch zeitgemäße Erfahrungen, was Illegalität bedeutete und wie unter solchen Bedingungen aktiver und wirkungsvoller politischer Widerstand aussehen könnte. Zumal die Abwehrdienste der einzelnen Waffengattungen und der neu formierte Geheimdienst DINA sehr aktiv waren.

Den erste ideologischen Impuls zum Widerstand gab zweifellos die Rede Salvador Allendes aus der brennenden Moneda. Kraft kam auch aus dem Wissen, dass sich Putschisten nie ewig an der Macht behaupteten. Das wusste man aus der eigenen Geschichte.

Der bewusste Widerstand der chilenischen Bevölkerung begann mit der Solidarität, die man mit jenen übte, die vor den Militärs flohen und sich verbergen mussten. Es wurden später unzählige Beispiele bekannt, wo ohne Wenn und Aber und unter Gefahr für das eigene Leben und das der Familie Verfolgten geholfen wurde. Mut, Gefühl für die konkrete Situation, Einfallsreichtum, Verschwiegenheit, auch ein Schuss Bauernschläue, Mutterwitz und auch Abenteurertum wurden in jener Zeit tausendfach bewiesen. Die gelungene Tat, der erste Erfolg, das erste Schnippchen, das den Militärs geschlagen werden konnte, spornte zu weiteren Aktionen an. So entwickelten sich die ersten praktischen Erfahrungen des illegalen Kampfes unter den neuen Bedingungen der Militärdiktatur.

Aus den Verstecken heraus knüpften die untergetauchten Funktionäre der UP-Parteien Kontakte zueinander. Nach einer Bestandsaufnahme wurde versucht, zuverlässige Verbindungen herzustellen und illegale Organisationen zu formieren. Zu den ersten Aktionen gehörten die Absicherung von Personen, die Sicherstellung von Material und Gerät, die Herstellung illegaler Stützpunkte, Verbindungen und Mobilität. Praktische Erfahrungen und Vorstellungen von der Arbeit in der Illegalität besaß niemand. Deshalb waren Fehler unvermeidlich. Die führenden Parteien der Unidad Popular, die KP und die SP Chiles, verloren deshalb ihre ersten illegalen Leitungen. Nicht wenige Leitungskader wurden ermordet oder kamen in Gefängnisse und Lager.

So beispielsweise Orlando Letelier (SP). Er war 1973 zunächst Außen-, dann Innen- und schließlich Verteidigungsminister geworden. Am 11. September 1973 hatten ihn die Putschisten verhaftet und auf die KZ-Insel Dawson verbracht, wo er nach Jahresfrist aufgrund des internationalen Drucks entlassen werden musste. Letelier wurde gemeinsam mit seiner amerikanischen Assistentin Ronni Karpen Moffitt durch eine Autobombe im Sheridan Circle in Washington D.C. am 21. September 1976 ermordet.

US-Regierungsdokumente, die im Oktober 2015 auf Beschluss der Regierung Barack Obamas freigegeben und durch Außenminister John Kerry der chilenischen Präsidentin Michelle Bachelet persönlich übergeben wurden, belegten, dass Pinochet persönlich den Mord angeordnet und seinen Geheimdienstchef Manuel Contreras damit beauftragt hatte. Contreras selbst hatte seine Beteiligung stets abgestritten und stattdessen den US-Auslandsgeheimdienst CIA für den Mord verantwortlich gemacht. Aus den freigegebenen Dokumenten ging weiterhin hervor, dass Pinochet beabsichtigte, Contreras ermorden zu lassen, um zu verhindern, dass dieser über den von ihm erteilten Mordbefehl aussagte.

Erst im Laufe der Zeit formierten sich aus jungen, unbekannten Kadern zuverlässig funktionierende und wirkungsvolle Strukturen.

In der DDR waren aus der deutschen Geschichte die Bedeutung und der Wert von Verbindungen zur Außenwelt hinlänglich bekannt. Das war sicherlich auch ein Grund für die Weisung an die Restgruppe, die Botschaft »sauber zu halten«, um diesen Kanal, diesen Brückenkopf nicht zu gefährden.

Diese Anweisung wurde konsequent umgesetzt. Die Bereitschaft der finnischen Diplomaten, die ehemalige Schule der DDR-Vertretung als ihre Botschaft zu deklarieren und dort vorerst Asylierte unterzubringen, bot auch die Möglichkeit, solche Leute dort einzuweisen, denen die DDR Schutz und Hilfe nicht versagen konnte oder die bewusst wünschten, im ersten sozialistischen deutschen Staat Asyl zu finden.

Mit der illegalen Ausschleusung des Generalsekretärs der Sozialistischen Partei Chiles, Carlos Altamirano, und dessen Niederlassung in Berlin verfügte die Partei über den Grundstein eines ihrer Auslandszentren. Dort sammelten sich im Laufe der Jahre viele namhafte Kader. Die Verbindungen ins Inland liefen über die DDR, deren Möglichkeiten sehr begrenzt waren.

Anfang November 1973 nahm die illegale Führung der Kommunistischen Partei Chiles Kontakt zur Mitarbeitergruppe der DDR auf. Das erste Zusammentreffen wurde intensiv vorbereitet und abgesichert. Wir mussten uns vergewissern, dass wir es tatsächlich mit Vertretern der Führung zu tun hatten und nicht etwa mit einer Splittergruppe oder Geheimdienstleuten, die uns auffliegen lassen wollten. Die Nachrichtendienste der Militärjunta waren aktiv und hatten sich konzeptionell auf die neue Situation eingestellt. Äußerste Vorsicht war also geboten. Pannen konnten wir uns nicht leisten.

Zum ersten Gespräch erschienen zwei KP-Emissäre, Dr. Arnold Voigt, der kommissarische Leiter der »Mitarbeitergruppe der DDR in der finnischen Botschaft« (Deckname »Landwirt«) und ich führten das Gespräch. Wir überzeugte uns, dass wir es mit kompetenten Personen zu tun hatten. Wir gaben den beiden die Decknamen »Tischler« und »Kontorist« und vereinbarten Formen und Verhaltensweisen für künftige Treffen.

»Kontorist« war mein Mann, er wurde Nachfolger Mario Zamoranos, als dieser von den Junta-Häschern verhaftet worden war. (»Kontorist« sollte Anfang 1975 Schutz in der ungarischen Botschaft finden, die unter der Obhut der österreichischen Botschaft stand.)

Mario Zamorano gehörte der KP-Führung an, mit ihm traf ich mich nach dem Gespräch mit »Kontorist« und »Tischler«. Er bestätigte mir deren Identität und Glaubwürdigkeit. Bei den beiden Treffen, die ich mit Zamorano bis zu seiner Verhaftung hatte, trug er mir seine Vorstellungen über die künftige Gestaltung der Verbindung und Unterstützung vor. Sein vordringlichstes Anliegen bestand darin, die Finanzen der Partei und wichtige Dokumente sowie die für dieses Ressort verantwortlichen Genossen Luis Canales und den Anwalt Guillermo Montecinos bei uns zu sichern. Der Rechtsanwalt war Luis Canales (»Don Lucho«) beigeordnet und vertrat die KP Chiles in juristischen Angelegenheiten. Nach ihm wurde ebenfalls intensiv gefahndet.

Bei dem zweiten Mann, dem wir den Decknamen »Tischler gegeben hatten, handelte es sich um einen ehemaligen Studenten der Technischen Universität, den Voigt (alias »Landwirt«) schon geraume Zeit kannte.

Canales und Montecino sollten und wollten vorerst nicht außer Landes gebracht werden, da sie vor Ort gebraucht wurden, um laufende Zahlungen, bestehende Verträge, Grundstücksangelegenheiten usw. zu bedienen. Der Finanzapparat war vordem aus der Parteizentrale ausgegliedert worden und halblegal noch tätig.

Nach Zustimmung aus Berlin wurden beide aufgenommen. Konsul Horst Richel übernahm Kurierdienste. So wurden die finanziellen Mittel der KP sicher verwahrt und die finanztechnischen Obliegenheiten weiter abgewickelt. Dazu gehörten auch die Unterlagen über Häuser, Liegenschaften und Unternehmen, die zum Teil auf Strohmänner eingetragen waren, um Zugriffe auf Parteieigentum im Notfall abzuwehren. Der Finanzapparat war gut auf eine mögliche Illegalität vorbereitet und konnte reibungslos nach dem Putsch weiterarbeiten. Er hatte sein eigenes Verbindungssystem, was die übernommene Verantwortung erleichterte.

Die Schutzmacht wurde mit dieser Angelegenheit nicht belastet.

Ein zweites Anliegen bestand darin, untergetauchte bekannte Genossen, die in die DDR ins Exil gehen sollten, in die Vertretung als Gäste aufzunehmen. Es handelte sich um Hugo Facio, Vizepräsident der Banco Central, Alejandro Rojas, Vorsitzender des kommunistischen Studentenbundes, Carlos Andrade Vera, Ex-Senator von

Valparaiso, Juan Carlos Concha Gutierrez, Ex-Gesundheitsminister, und um Alejandro Toro Herrera, Mitglied des ZK der KP, um den Rundfunkjournalisten Louis Guastavino, den Rechtsanwalt Guillermo Montecinos Vasquez und um den Ökonom Orel Visiani.

Grundsätzlich wurde darauf orientiert, dass Angehörige der KP und des Jugendverbandes möglichst im Lande verbleiben und sich in die illegale Arbeit eingliedern. Die Ausreise ins Exil werde nur solchen Kadern gestattet, die echt gefährdet waren. Diese Personen wurden uns avisiert. Alle anderen sollten abgewiesen werden. Zu ihnen wollte man danach illegal Kontakt aufnehmen.

Drittens wurde darum gebeten, über die noch intakten diplomatischen Verbindungen nach Berlin, Nachrichten und Informationen mit der inzwischen konstituierten Auslandsleitung unter Volodia Teidelboim in Moskau austauschen zu können.

Zugesagt wurde unter der Bedingung, dass für die Materialübergaben in Santiago ein unauffälliges unpersönliches Verbindungssystem geschaffen wurde. Dabei war ich den Genossen behilflich. Zuletzt wurde festgelegt, dass die operative Verbindung zwischen mir und »Kontorist« gehalten werde; die Verbindung zwischen »Landwirt« und »Tischler« sollte in Reserve gehalten werden.

Bei den nächsten Zusammenkünften instruierte ich »Kontorist« über die Gestaltung eines nachrichtendienstlichen unpersönlichen Verbindungssystems. Ich zeigte ihm, wie man Zeichenstellen, Tote Briefkästen (TBK), telefonische Signalvereinbarungen, Einwurfschleusen, Trefforte, Not- und Warnzeichen einrichtete und nutzte.

Die Verbindungsbeauftragten wechselten bis 1984 auf beiden Seiten einige Male. Aber die Verbindung zwischen der illegalen Inlandsleitung der KP und der Auslandsleitung, später unter Luis Corvalan in Moskau, war stabil und sicher. Nach der Entlassung Clodomiro Almeydas (SP) von der Insel Dawson konstituierte die Unidad Popular in Berlin ein eigenes Auslandszentrum, dem Jorge Inzunza (KP), Enrique Correa (linker Christ) und andere angehörten. Auch ihnen standen die Verbindungskanäle der DDR zur Verfügung.

Als die Schutzmacht Finnland ihre Botschaft in Chile auflöste und die Diplomaten abzog, übernahm Rumänien den diplomatischen Schutz. Es entstand die »Arbeitsgruppe der DDR in der Rumänischen Botschaft«. Wir bildeten den Brückenkopf. Genossen und Kollegen der UdSSR, ČSSR sowie Ungarns und kurze Zeit auch Polens nutzten unsere Telexverbindung. Nach Zustimmung durch die Zentrale entwickelte sich eine gedeihliche Zusammenarbeit.

Je mehr sich die Aufgabe der Restgruppe auf die existenziell wichtige Verbindung zwischen den führenden Gremien des Widerstands im In- und im Ausland konzentrierte, um so größer wurde auch die Sorge und der betriebene Aufwand, um unsere Anwesenheit in Chile zu rechtfertigen. Von 1973 bis zum Schluss 1984 wurden in regelmäßigen Abständen vom chilenischen Außenministerium mündliche und schriftliche Nachweise der Aktivitäten der DDR in Chile eingefordert. Von Zeit zu Zeit gab es Angebote und sogar Druck, dass die DDR eine Vertretung mit einem diplomatischen Status etablieren solle angesichts des Umfangs unserer Aktivitäten. Das aber war aus politischen Gründen ausgeschlossen. Die sozialistische DDR verweigerte aus prinzipiellen Gründen die diplomatische Anerkennung der faschistischen Junta.

Als wir 1984 die Arbeitsgruppe ohne Erklärung oder Veränderung ihres Status vergrößerten, reagierte die chilenische Seite genervt und wies die Mehrheit der DDR-Bürger aus. Das traf uns nicht im Nerv, denn die-Gruppe hatte ihre wichtigste Funktion – die Verbindungen der inneren Widerstandsorganisationen mit den Zentren im Ausland aufzubauen und zu unterhalten – weitgehend erfüllt. Die politische Opposition in Chile hatte inzwischen gut organisierte Strukturen geschaffen und wirkungsvolle politische Strategien und Taktiken entwickelt. Zudem begann die Rückreise der ersten UP-Angehörigen und Funktionäre aus dem Exil. Dadurch erhielten alle politischen Kräfte und Gegner der Militärjunta unter Pinochet wirkungsvolle Verstärkung. Die Militärdiktatur hatte sich bald selbst verschlissen und ein Politikwechsel zu einer bürgerlich-demokratischen Regierung war vorprogrammiert.

Die fünf Liegenschaften und Gebäude der DDR in Santiago de Chile verwaisten und wurden von der Botschaft der Schutzmacht Rumänien bis zum Ende der DDR verwaltet. Sie wurden nach der »Wiedervereinigung« durch die BRD für etwa 15 Millionen DM verkauft. Für acht Millionen DM davon baute die Bundesrepublik sich eine neue Botschaft.

Geschichten aus dem Operationsgebiet

Vom Militärputsch 1973 in Chile erfuhr ich an der »Waldschule« der HV A in Belzig. Der Lehrgang sollte ein Jahr dauern. Locker und frei von dem anspruchsvollen operativen Alltag wollte ich mich ganz der Aneignung politisch-operativen Wissens widmen. Die Schule lag weitab von Berlin und in einem Wald. Wir Kursanten waren kaserniert untergebracht, an den Wochenenden fuhren wir mit Bussen nach Hause zu den Familien.

Die ersten Wochen waren die schwersten. Man musste sich an die Ruhe, an die bescheidene Ordnung, an die Mitstudierenden und an die Methoden des Studierens erst einmal gewöhnen.

Als wir diese erste Phase und den ersten Komplex »Philosophie« beendet hatten, erreichte uns die Nachricht von dem Militärputsch in Chile. Bis dahin hatte ich mit Chile nur indirekt zu tun gehabt. Mein Arbeitsgebiet war die Schaffung illegaler Residenturen im Operationsgebiet. Diese Vorgänge waren sehr langfristig angelegt und zielten darauf ab, junge, gut ausgebildete Kader mit geeigneten operativen Legenden und Dokumenten über verschiedene Ausbildungs- und Legalisierungsphasen zielgerichtet in den Zielländern zu platzieren.

Ein solcher Übersiedlungskandidat (ÜK) lebte seit einiger Zeit in Chile. Er sollte sich Regimekenntnisse aneignen, die Sprache erlernen und seinen fiktiven Lebenslauf ausbauen. Nach der Wahl Salvador Allendes zum Präsidenten lebte er dort mit falschen Dokumenten. Er hatte zuvor am lateinamerikanischen Institut an der Universität Rostock verschiedene Sprachlehrgänge absolviert und Zeugnisse erhalten, die ihm Kenntnisse der spanischen und portugiesischen Sprache bescheinigten.

Langfristig war vorgesehen, dass er als junger konservativer Deutscher in Chile unter dem Regime der UP keine Lebens- und Entwicklungschancen bekommt und somit einen Grund besaß, nach Kanada oder direkt in die USA zu gehen. Aber, wie oft im Leben war dieser Plan das eine, die konkrete Wirklichkeit das andere.

Der Mann – nennen wir ihn »Andy« – lernte auf in Santiago de Chile eine schüchterne Chilenin kennen und lieben. Vom Militärputsch wurde auch er überrascht. Da er in einem billigen Quartier nahe dem Stadtzentrum wohnte, deren Anwohner fast alle begeisterte Anhänger der Regierung Allendes waren, nahmen sich die Militärs vor allem diese Häuser vor und durchsuchten sie. Mitten in der Nacht wurde auch er aus dem Bett geholt, an die Wand gestellt und befragt.

Am nächsten Tag wurde er vorgeladen und erneut, diesmal gründlich verhört. Getreu seiner Legende gab er an, dass er keine Perspektive in Chile sehe, weil er mit dem bisherigen Regime nicht konform gehe und auch für sich keine Lebensgrundlage schaffen konnte. Er werde das Land wieder verlassen.

Daraufhin legte man ihm nahe zu bleiben und stellte ihm eine sichere Zukunft in Aussicht. Er erhielt eine

Bescheinigung, die ihn als UP-Geschädigten auswies mit der Bitte an alle Behörden, ihn zu unterstützen. Nach dem ersten Schreck war das ein operativ erfreulicher Ausgang.

Da war aber noch die chilenische Freundin, die schwer nur in die veränderte operative Konzeption eingebaut werden konnte. Ein ihr nahestehender Onkel war General der Luftstreitkräfte, hieß Enrique Marx Montero und hatte im Innenministerium einen hohen Posten bekommen (1982/83 sollte er sogar Innenminister werden.) Es war zu vermuten, dass dieser Mann, der eine Stabsoffizierslaufbahn absolviert hatte und bei der militärischen Abwehr (SIFA) der Luftwaffe war, eines Tages die Vita des deutschen Lebensgefährten seiner Nichte überprüfen lassen könnte. Wir ließen die Sache erst einmal laufen.

Allerdings gab es eine jähe Wendung, die rasches Handeln nötig machte.

»Andy« stellte mir eines Tages die Frage, was wir in Chile vorhaben. Ich stellte mich dumm und wich der Frage aus. Und dann offenbarte er, dass er seiner Freundin seine wahre Identität verraten habe und ihr gestanden habe, dass er im Auftrag der DDR in Chile sei.

Und wie wir dann von einem chilenischen Partner erfuhren, dessen Frau zufällig mit »Andys« Gefährtin verbunden war, hatte diese ihr brühwarm die Geschichte erzählt. Natürlich unter dem Siegel der Verschwiegenheit. Unser Kontaktmann versicherte, dass außer ihm niemand davon Kenntnis habe, er jedoch nicht einschätzen könne, wer es noch wisse.

Bei der Zentrale in Berlin klingelten sofort alle Alarmglocken und sie ordnete den Rückzug von »Andy« an. Unauffällig und auf dem schnellsten Wege.

Ich informierte ihn beim nächsten Treff. Er solle seiner Freundin sagen, dass er für ein paar Tage ins Land reise, und ein Ticket nach Europa buchen.

Ich brachte ihn in der letzten Nacht, nachdem er einige persönliche Sachen eingepackt hatte, in einer leerstehenden, aber sicheren Wohnungen unter. Sein Gepäck ließ ich im Pkw, auch seinen Mantel.

Am anderen Tag bat ich unseren Chiffreur, zum Flugplatz vorauszufahren, um Zeuge zu sein, falls es zu Zwischenfällen käme. Er kannte »Andy« nicht persönlich, hatte ihn noch nie gesehen.

Ich brachte »Andy« zum Airport, ließ ihn aussteigen und suchte mir einen Parkplatz. Dann ging ich in die Abfertigungshalle. Mir kam der Chiffreur entgegen.

»Der ist schon durch die Kontrolle und wartet bereits im Transit!«

Auf meine Frage, woher er das wisse, er kenne doch den Mann nicht, den ich gebracht habe, antwortete er grinsend: »Er war der Einzige, der den Mantel trug, welcher in deinem Auto gelegen hat!«

Respekt, dachte ich. Aber meine Blödheit.

»Andy« kam wohlbehalten in der DDR an. Er berichtete ausführlich und gliederte sich schnell wieder in das normale Leben ein.

Wir sind uns nie wieder begegnet.

Unterm Rock

Sie war Anfang dreißig, blond, attraktiv, intelligent, politisch hoch motiviert und engagiert, daher auch eine glühende Anhängerin der Unidad Popular und der Regierung Allendes. Die sozialistische Aufbruchstimmung in Chile begeisterte sie. Ihr Ehemann, ein Dozent der Universität Heidelberg, war als Entwicklungshelfer an einer Universität in Santiago tätig. Hier traf er auf Wissenschaftler der DDR, die ebenfalls dort wirkten. So kam auch der Kontakt zu Martina zustande. Beide waren bekennende Bundesbürger und hatten eine kritische Einstellung zu den politischen Verhältnissen in der BRD und viel Sympathie für die DDR.

Sie erzählten mir von Besuchen und guten Bekannten in Berlin und von Kontaktversuchen bestimmter DDR-Organe.

Martina ging in Chile keiner bestimmten Tätigkeit nach, unterhielt aber vielseitige Kontakte innerhalb der deutschen Kolonie und zu jungen Mitgliedern und Funktionären der UP-Parteien. Sie besuchte deren Veranstaltungen und betätigte sich aktiv an ihren Aktionen. Während und nach dem Militärputsch versteckte sie gesuchte und gefährdete jugendliche UP-Aktivisten und half ihnen, zum Teil mit riskanten Aktionen in ausländische Botschaften zu gelangen, um dort Schutz und Asyl zu finden.

Offensichtlich unterhielt sie auch Verbindungen zu sozialdemokratischen Jugendgruppen daheim und schürte Proteste gegen das Pinochet-Regime in der BRD und gegen die wankelmütige Haltung der Regierung Willy Brandts. Kritik übte sie auch an BRD-Botschafter Lüdde-Neurath, der asylsuchende UP-Funktionäre abwies.

Zwischen uns hatte sich ein Vertrauensverhältnis entwickelt, es war eine beiderseitig nützliche Beziehung. Eines Tages rief sie an und lud mich zum Kaffee ein. Solche Anrufe waren nicht ungewöhnlich, sie bedeuteten aber, dass sie etwas mitzuteilen habe. Ich fuhr zu ihr.

Im Hause erwartete sie mich mit ihrem Ehemann und einer jungen Frau, einer Deutschen. Wir machten uns bekannt und tranken gemeinsam Kaffee.

Die Freundin war eine Studentin aus Westberlin. Über den Grund ihrer Reise nach Chile äußerte sie sich nicht, nur, dass die Entscheidung dafür kurzfristig gefallen sei. Doch dann forderte Martina sie auf, ihr Geheimnis zu zeigen. Bereitwillig stand sie auf, stieg die Stufen zu einer verandaähnlichen Nische hinauf. Dann stand sie wie auf einer kleinen Bühne vor uns.

Einige Augenblicke stand sie da: in leichter Sommerbluse und kniekurzem Minirock. Dann fasste sie den Rocksaum und zog ihn nach oben. Bei genauerem Hinsehen entdeckte ich, dass innen im Rock Geldscheine eingenäht waren. Das war natürlich eine hübscher Anblick.

Die Erklärung folgte sofort. Die Studentin gehörte zu einer Gruppe, die zur Unterstützung der verfolgten Jugendlichen in Chile Geld gesammelt hatte. Sie hatte

Plakat der DKP, 1973

die Rolle des Geldboten übernommen. Damit das Bargeld durch die Kontrollen geschmuggelt werden konnte, hatten sie sich diesen Trick einfallen lassen. Welcher

Zöllner oder Kontrolleur würde unter einen Minirock starren?!

Der Erfolg stimmte fröhlich. Wir hatten noch einen lockeren kurzweiligen Nachmittag.

Fliegerangriff auf MS »Neubrandenburg«

Rudi Gittel war als Kapitän eines Küstenmotorschiffes der Deutschen Seereederei der DDR auf der Ostsee gefahren und hatte Holz aus den skandinavischen Ländern transportiert. Nach Chile war er im August 1973 im Auftrage der Deutschen Seereederei Rostock gekommen, um das Entladen der drei DDR-Schiffe, die mit Solidaritätsgütern für die Regierung Allendes unterwegs waren, zu organisieren.

Die Entladung der drei Schiffe in chilenischen Häfen war im vollen Gange, als die Militärs um Pinochet putschten und die Regierung Allendes gestürzt wurde.

Auch in den Hafenstädten wurde der Ausnahmezustand ausgerufen. Die Marine besetzte alle Machtpositionen. Mit gut geplanten militärischen Aktionen wurden die Wohngebiete durchkämmt und kontrolliert. Die drei DDR-Schiffe hatten sie besonders im Visier. So wurde das Ausbildungsschiff, die MS »Fichte«, auf dem sich Lehrlinge befanden, regelrecht gestürmt, die Besatzung überwältigt und gefangengesetzt. Die entladenen Güter wurden beschlagnahmt und von den Militärs konfisziert.

Die leeren Container missbrauchten sie als Verließe für die Gefangenen, darunter auch Frauen. Vermutlich wurde darin auch gefoltert und gemordet, denn einige

Container wiesen Einschusslöcher auf. Gittel bemühte sich um Durchblick und um Ordnung.

Aufgrund des Ausnahmezustandes und wegen der Sperrstunden vergingen Tage, ehe er an die Küste fahren konnte. Da die Häfen selbst militärisches Sperrgebiet waren und die DDR als potenzieller Feind behandelt wurde, war es unmöglich, Zugang zu bekommen. Rudi Gittel schaffte das trotzdem. Er trotzte den Kommandanten Passierscheine und Verhandlungsbereitschaft ab.

Natürlich waren auch zivile Behörden nun nicht mehr unsere Freunde und verlangten über 300.000 US-Dollar für die längeren Hafenliegezeiten unserer drei

Kapitän Rudi Gittel (links) und Konsul Horst Richel

Schiffe. Dass diese aber noch nicht gelöscht waren, lag nicht an den Schiffsbesatzungen, sondern an den Militärs. Gittel blieb hartnäckig. Nachdem er sich seinen Verhandlungspartner im Kommandostab der Marine ausgeguckt hatte, gelang es ihm, nach und nach eine Klärung voranzubringen.

Da er erbost und mit proletarischem Hass erfüllt war, ging Rudi Gittel in seinen Argumentationen bis an die in dieser Situation gefährliche Grenze. So drohte er damit, die Weltöffentlichkeit auf die Einschusslöcher in unseren Containern und den Diebstahl von Cognac, Konserven und Lebensmitteln durchs Militär zu informieren.

Das beeindruckte die Zuständigen schon, und so konnte Gittel zumindest eine Schadensbegrenzung erreichen.

Es verging nicht allzu viel Zeit, und auf dem chilenischen Markt tauchten die in den Häfen konfiszierten DDR-Konserven auf. Manche Uniformtasche füllte sich mit einem willkommenen Nebenerlös.

Rudi Gittel leistete in dieser Zeit viel für die DDR und für Chile. Er tat es mit Überzeugung und Mut und war sich des hohen Risikos wohl bewusst. Denn mir wurde bekannt, dass sich die Dienste der Putschisten für ihn interessierten. Das war immer gefährlich.

Anfang Dezember 1973 traf die MS »Neubrandenburg« in Valparaiso ein. Der Frachter war aus der regulären Kuba-Route herausgenommen und nach Chile umdirigiert worden. Offiziell hatte er den Auftrag, eine Ladung Kupfer an Bord zu nehmen. Diese Lieferung war noch zu Zeiten der UP-Regierung Allendes vereinbart und bezahlt worden. Inoffiziell aber war beabsichtigt, Gladys Marin und andere gefährdete UP-Funktionäre außer Landes zu bringen. Auf dem Schiff waren Verstecke eingerichtet und nur wenige Besatzungsmitglieder darüber informiert worden. Der Plan wurde jedoch aufgegeben, weil inzwischen die Junta Ausreisegenehmigungen für Asylierte in ausländischen Botschaften erteilte.

Rudi Gittel war auch für die »Neubrandenburg« zuständig. Er kannte auch deren doppelte Mission. Den chilenischen Marine-Offizieren hatte er erzählt, dass er im Zweiten Weltkrieg auf einem U-Boot gefahren sei. Das trug ihm Respekt ein. Wir nannten ihn darum nur den »Piraten«.

Als die »Neubrandenburg« avisiert wurde, fuhr er in den Norden Chiles, um das Schiff zu empfangen. Es hatte mehrere Tage Verspätung, weil es am Panamakanal nicht regulär angemeldet war und deshalb warten musste. Wir alle, vor allem Gittel, waren sehr beunruhigt. In Iquique, der nördlichsten chilenischen Luftwaffenbasis, suchte er den Kommandanten auf, um zu versuchen, über dessen leistungsfähige Funkstation das Schiff zu erreichen. Das gelang aber nicht.

Der Offizier hatte aber eine Idee, wie er dem U-Bootfahrer aus Deutschland helfen konnte. Er befahl zwei Piloten zu sich und wies an, die »Neubrandenburg« zu suchen und Meldung über ihren Standort zu machen. – Zwei Jagdbomber flogen auf das offene Meer, dem DDR-Schiff entgegen.

Und nun der Perspektivwechsel.

Die MS »Neubrandenburg« im Hafen von Valparaiso

Auf der Brücke der »Neubrandenburg« stand der Kapitän. Das Schiff lief bereits in chilenischen Hoheitsgewässern. Man kannte die Bilder vom Bombardement der Moneda, als zwei Flugzeuge auf das Schiff zusteuerte. Man rechnete mit allem!

Im Tiefflug rasten sie am Schiff vorbei. Der Kapitän nahm das Fernglas und sah, wie die Piloten die Maschinen nach oben zogen, wendeten und im Sturzflug wieder das Schiff ansteuerten. Ihm war sofort klar: Das bedeutet einen Angriff!

Jemand brüllte: »Alarm!« und »Alles in Deckung!« Jeden Moment konnte es krachen. Alle, die auf der Brücke und an Deck waren, warfen sich zu Boden, und so konnten sie nicht sehen, wie die Piloten zum Gruß mit den Tragflächen wackelten.

Nach der Landung auf dem Fliegerhorst berichteten sie ihrem Kommandanten, dass das Schiff in zwei bis drei Stunden eintreffen werde, das Schiff halte konsequent Kurs

»Kamerad Gittel, es freut mich, dass ich Ihnen behilflich sein konnte!«

Über die Begebenheit wurde nie gesprochen. Es wurde der Mantel des »Geheimen« darüber gebreitet. Die Schiffsführung hat dem »Piraten« Gittel nie verziehen, dass er ihr einen solchen Schrecken eingejagt hatte.

Erst die Zweitfrau machte den Chilenen zum Mann

In dem Haus, welches als Schule für die Kinder der Botschaftsangehörigen gedient hatte, lebten für längere Zeit etwa sechzig asylsuchende Chilenen. Dieses Gebäude stand ebenfalls unter dem diplomatischen Schutz Finnlands, am Fahnenmast davor hing die finnische Staatsflagge. Unsere kleine Restgruppe und die finnischen Diplomaten organisierten Sicherung, Versorgung und Verpflegung. Und wir informierten die Angehörigen, die oft nicht wussten, wo sich ihre Väter, Brüder und Söhne befanden, wenn sie denn noch lebten. Wir erlebten mitunter ergreifende Szenen, wenn wir die Nachricht überbrachten.

In der Regel hielten alle diplomatischen Vertretungen die Namen der von ihnen Aufgenommenen geheim, um keine Übergriffe der Militärs zu provozieren. In jener Zeit entwickelte sich – trotz ideologischer Differenzen – eine bis dato nie gekannte Solidarität zwischen den diplomatischen Vertretungen.

Konsul Horst Richel, ein Jurist aus dem Eichsfeld, wuchs in dieser Zeit über sich hinaus. Er knüpfte die Verbindung zu jenen Botschaften, in denen sich Asylierte befanden, die in die DDR gehen wollten. So kam es auch zu Kontakten zum *Comité Intergubernamental para las Migraciones Europeas* (CIME), einer Flüchtlingshilfsorganisation, die die USA im Kalten Krieg 1951 gegründet hatten und welche sich vorrangig um Flüchtlinge aus den Ostblockstaaten sorgte. Die CIME stand politisch also nicht auf unserer Seite. Nun aber doch: Uns einte die Ablehnung des Putschistenregimes. An der Spitze der Organisation in Chile stand eine dänische Gräfin. Und sie sorgte dafür, dass Angehörigen der bei uns Asylierten ausreisen konnten. Ihre Mitarbeiter erledigten alle Behördengänge und, was für uns wichtig war, CIME übernahm die gesamten Flugkosten.

Eines Tages kam eine Chilenin zu uns und behauptete, die Ehefrau eines bereits ausgereisten Jugendfunktionärs aus dem Süden des Landes zu sein. Sie wollte ihm mit ihren beiden Kindern nachreisen. Konsul Richel überprüfte die Angaben und stellte fest, dass die Ehefrau mit zwei Kindern bereits in der DDR war. War jene eine Hochstaplerin oder diese hier?

Die Bittstellerin ließ nicht locker und legte Dokumente vor, die bewiesen, dass sie tatsächlich die Ehefrau war. Es war uns peinlich, weil ihre Angaben augenscheinlich stimmten. Wir hatten unwissend die *companera*, die »Zweitfrau« des Funktionärs, in die DDR reisen lassen.

Wir vermittelten die Frau an die CIME, und bald flog die Familie ebenfalls in die DDR. Sollte der Mann doch sehen, wie er dort mit seinen beiden Familien klarkäme. Auf alle Fälle kamen die vier Kinder der beiden Frauen in den Genuss einer ordentlichen Schulbildung, was im künftigen Chile für sie von Nutzen sein würde.

Unser Jugendfunktionär war nach unseren späteren Erkenntnissen nicht der Einzige, der seine Zweitfrau ins

Walter Womacka: »In Chile herrscht Ruhe«, 1973

Exil mitgenommen hatte. Wie diese Männer dann in der DDR lebten, haben wir nicht erfahren.

Dazu muss man wissen, dass sich die südamerikanischen Machos – auch die Chilenen, die es sich ökonomisch leisten konnten – eine *companera* hielten und die Kinder aus dieser Verbindung als eigene anerkannten. Man sprach dann von einer Zweitfamilie. Das war und ist zwar nicht ganz normal, aber eben auch nicht anrüchig. Bei den Ureinwohnern, den Mapuches, ist es heute noch üblich, dass ein Mann zwei und mehr Frauen hat. Die Spanier, die vor Jahrhunderten missionierten und gemäß der christlichen Religion der Monogamie das Wort redeten, übernahmen diese Praxis gern. In den besseren Kreisen gehörte es zum guten Ton, eine Zweitfamilie, mindestens eine *companera*, zu haben. Pablo Neruda, Salvador Allende und andere Chilenen machten keine Ausnahmen. Erst mit einer *companera* galten sie als richtige Männer.

Wunderbare Natur und aberwitzige Weihnachten

Chile erstreckt sich über viertausend Kilometer von Nord nach Süd und über mehrere Klimazonen, vom subpolaren Feuerland bis in die superheißen Wüstenregionen im Norden. Es ist mehr als doppelt so groß wie Deutschland, hat aber keine zwanzig Millionen Einwohner. In Santiago in der Mitte des Landes fallen selbst in Winternächten – Juni, Juli und August – die Temperaturen selten unter 0 Grad. Wegen der hohen Luftfeuchtigkeit jedoch empfindet man schon Temperaturen zwischen 4 und 12 Grad als äußerst unangenehm. Die meisten Gebäude haben dünne Wände und keine ordentliche Heizung. Margot Honecker, die in einem Reihenhaus lebte, klagte darüber mit der Bemerkung, die keineswegs chauvinistisch gemeint war: »Die Chilenen können keine Häuser bauen.« Und erklärte damit auch, warum die Fernseher in den meisten Wohnungen im Schlafzimmer standen.

Wir halfen uns mit wetterfester, warmer Kleidung und heißen Getränken wie der *cola de mono* (Affenschwanz), einem Milch-Zimt-Rum-Gemisch. Oder *ponche*, einem warmen Rotwein mit Früchten, dem deutschen Glühwein nicht unähnlich. Oder einfach mit heißem Tee. Möglich war auch *pisco*, das Nationalgetränk – ein Schnaps aus Trauben.

Nicht wenige Familien besaßen Landgüter (*fundos*) oder Häuser an der Küste, wo sie im Sommer lebten. Im Winter bleiben die Chilenen in der Stadt.Und nur ganz wenige, die es sich leisten konnten, überwinterten im europäischen Sommer.

Es fällt auf, das viele Fest- und Feiertage im September begangen werden, also im beginnenden Frühling. Am 18. September begehen die Chilenen ihren Nationalfeiertag: An jenem Tag (meist aber eine ganze Woche) feiern sie das Ende der spanischen Kolonialherrschaft. Und am Tag darauf schon, auch das ein landesweiter gesetzlicher Feiertag, steht der Tag der chilenischen Streitkräfte im Kalender. Es gibt immer eine große Militärparade und viel Trubel.

Oktober und November gleichen unserem April und Mai. Wenn die Tage länger werden und die Sonnenstrahlen wärmer, erwachen auch in Chile die Frühlingsblüher. In Europa wären das die Schneeglöckchen, in den noch sonnendurchfluteten Laubwäldern die Anemonen oder Buschwindröschen, die blauen Märzenblumen, Himmelschlüssel und die Maiglöckchen. Mir fiel auf, dass es hier mehr blühende Bäume und Sträucher waren. Vor allem Magnolien. Sie blühten überall. An den Hängen zum Pazifik bedecken die kräftigen hellbeigen und violetten Farben große Flächen. Allein wegen dieser Farbenpracht lohnte sich eine Fahrt am Wochenende entlang der Küste. Die Luft war noch kühl und es blies ein kräftiger frischer Wind von See. Die salzgeschwängerte Luft war gut für die Lungen und erfrischte auch Geist und Seele. Man musste sich ein geschütztes

Plätzchen in den Klippen suchen und konnte in der wärmenden Sonne die Seele baumeln lassen.

Die Möwen lieferten die Musik. Alle Seevögel zogen jetzt nach Süden. In kleinen Gruppen, wie an einer Perlenschnur hintereinander, flogen Pelikane, Seeschwalben und Möwen Richtung Antarktis. Sie flogen sehr flach über das bewegte Wasser und man staunte, wie sie geschickt den Wellen wendig und schnell auswichen.

Beim Blick auf das Meer mit den kräftigen Wellen, die in regelmäßigen Abständen anrollten und mit dumpfen Grollen ans felsige Ufer schlugen, dass die Gischt wie Silberfetzen aufspritzte, bekam man eine Ahnung von den unendlichen Kräften der Natur. Und Demut bemächtige sich unser. Für uns Europäer boten solche Fahrten im Frühling unvergessliche und erholsame Stunden.

Die Chilenen empfanden dies nicht so. Ihnen war es zu kalt. Sie scheuten zudem Einsamkeit und Ruhe, sie suchten Geselligkeit und Trubel. Die blühenden Mittagsblumen mit ihrer Farbenpracht waren nur nutzloses Unkraut.

Im November, also im Frühsommer, setzte der Werbeterror ein: Weihnachten stand vor der Tür. Bei nahezu subtropischen Temperaturen. Der Schnee kam aus der Sprühdose und europäische Winterlandschaften aus Pappmaché wurden überall aufgebaut, dazu dudelten die auch uns bekannten Weihnachtslieder. Das befremdete uns: Weihnachten zu Pfingsten.

Aus Kanada wurden prächtige Weihnachtstannen importiert und mit chilenischem Obst bezahlt. Man fühlte sich veräppelt. Aber die Latinos kannten es nicht anders. Sie glaubten wirklich, dass Jesus im grimmig kalten Winter mit hohem Schnee geboren worden ist. Wie sie überhaupt sehr gläubig waren.

Wir stellten uns auf Weihnachten ein.

In sommerlicher Kleidung verspeisten wir mit Freunden und Kollegen zu den Feiertagen in festlicher Kulisse einen *pavo*, einen gebratenen Truthahn. Wir füllten die Gläser und vergnügten uns, um das sentimentale Heimweh, was an solchen Tagen besonders stark hervordrängte, zu unterdrückten. Wir dachten wehmmütig an die daheimgeliebenen Kinder, an die Familie in Europa und kaschierten die Gefühle mit Betriebsamkeit.

Die Sommermonate von Januar bis März haben wir intensiv genossen. Das Wohlbefinden wurde nur ein wenig getrübt, wenn die Nachrichten von Wintereinbrüchen und Schneekatastrophen in Europa berichteten. Da waren wir froh, südlich vom Äquator in der warmen Sommersonne zu leben.

Vielleicht sollte man es in der Zukunft so einrichten, dass im nordischen Winter die Menschen auf die Südhalbkugel umzögen. Platz genug gäbe es ja.

Auf einen (oder zwei) Pisco beim Chinesen

Es handelte sich um ein chinesisches Restaurant, was am Namen unschwer zu erkennen war: *Lin Fa*. Bis zur Zeit der Regierung Allende gab es in Santiago de Chile nur zwei. Nach dem Putsch vermehrten sie sich jedoch schlagartig. Die beiden traditionellen existierten schon lange und lebten von der Stammkundschaft. Außenhändler und Diplomaten aus der DDR gehörten nicht dazu.

Das sollte sich später ändern. Nicht wegen der Fülle der Restaurants, sondern wegen der erschwinglichen Preise. Die leichten Speisen mit viel Gemüse und unterschiedlichen Gewürznuancen, die Kunst mit Stäbchen zu essen und das ganze Drumherum gefielen uns zunehmend. So testeten wir bei Gelegenheit einige Restaurants in unserm Umfeld und erschlossen uns eine neue kulinarische Erlebnissphäre.

Über viele Jahre waren nur zwei deutsche Ehepaare in der finnischen, später der rumänischen Botschaft in Chile tätig. Zu unseren Freunden gehörten die zwei übriggebliebenen sowjetischen Ehepaare, beschäftigt von der Wirtschaftskommission für Lateinamerika und der Karibik (CAEPAL) und die beiden Paare aus Prag, die eine tschechische Handelsfirma betrieben.

Wir zehn waren die einzigen Vertreter der sozialistischen Länder, unsere Kontakte waren eng und freundschaftlich. An Wochenenden unternahmen wir gemeinsam Ausflüge, wir feierten zusammen Familienfeste und halfen uns gegenseitig, wenn dies erforderlich war. Irgendeiner von uns hatte an der *Panamericana Sur*, der Hauptverkehrsstraße Chiles, sechzig Kilometer südlich von der Hauptstadt, dieses China-Restaurant entdeckt.

Die Panamericana Sur wurde beidseits von Restaurants und Verkaufsständen der Obst-und Gemüsebauern gesäumt. Es war üblich, dass die Familien, meist Großfamilien, an den Wochenenden sich zum gemeinsamen Mittagessen trafen. Deshalb waren die Restaurants weitläufig angelegt, sie verfügten über Kinderspielplätze, und Musikgruppen boten volkstümliche Unterhaltung. Bevorzugt wurden natürlich die alteingesessenen und traditionellen *Barrilladas*.

Dienstgespräch mit Prof. Dr. Valentin Kuzmin (l.), sowjetischer Vertreter bei der CEPAL, in der Mitte Mirko Veprek (ČSSR) in der DDR-Vertretung in Chile, 1982

Wir fuhren an den Wochenenden gern gemeinsam hinaus, um zu essen, zu reden, zu trinken und die Arbeit mal zu vergessen. Außerdem nutzten wir die Gelegenheit, frisches Obst und Gemüse von den Erzeugern preiswert einzukaufen.

Im Vorraum von *Lin Fa* war eine Bar. Wir ließen uns auf den Barhockern am Thresen nieder und ließen uns einen *Pisco Sour* mixen. Die Bardame schüttelte das Getränk, goss unsere Gläser voll und ließ den noch halbvollen Shaker vor uns stehen. Je nach Anlass und Kondition orderten wir eine zweite Füllung, die dann am vorbereiteten Tisch im Speisesaal serviert wurde.

Ohne *Pisco Sour* ist meiner Meinung nach Chile nicht denkbar, es ist nicht nur ein appetitanregender Drink, er schmeckt und passt zu allen Lebenslagen.

Der Pisco ist neben den hervorragenden Weinen ein typisches Getränk der Region Chile und Peru. In Chile wird er aus einer hellen länglichen Traube ohne Kerne in der Region um La Serena gebrannt. Diese Traube reift in der heißen südamerikanischen Sommersonne, im Tal des Elqui-Flusses und in dem kleinen Ort Vicuna, dem Geburtsort der chilenischen Nobelpreisträgerin Gabriela Mistral. Anschließend wird der Saft destilliert und verschnitten.

Der verdünnte Alkohol des Pisco ist angenehm leicht zu genießen, man fühlt sich danach gelöst und locker, als ob man von Engelsflügeln in ein Wolkenmeer entführt wird. Alltagsstress, Ärger und jegliche Aggression fallen von einem ab, man taucht ein in ein Gefühl himmlischen Friedens und könnte die ganze Welt umarmen. Kein Wunder bei einem Alkoholgehalt von 38 bis 48 Prozent.

Das haben alle, die wir damals, fern der Heimat und Familie, weitgehend auf uns selbst gestellt, in Chile gern genossen. Ja, wir waren schon fast süchtig danach.

Vielleicht ist es gerade das, was den *pisco* und auch den daraus gemixten *pisco sour* inzwischen auch auf den europäischen Markt gebracht hat.

Wir hatten die ersten Flaschen Traubenschnaps, also *pisco,* bei unserer Rückreise aus Chile 1983 schon im Gepäck.

Victoria Maier de Gonzalez und Jorge Gonzalez

Victoria Maier de Gonzalez und Jorge Gonzalez zählten zu den Urgesteinen in den Beziehungen der DDR zu Chile. Seit unsere ersten Handelsvertreter und Diplomaten hinter die großen Kordilleren reisten, kannte man sowohl die Brüder als auch das Ehepaar Gonzales. Und schätzte ihre Dienste.

Die beiden Brüder Jorge und Sergio waren gebürtige Chilenen, ihr Vater gehörte der chilenischen Aristokratie an und war ein hohes Mitglied der Freimaurerloge (Grad 32). Die Brüder waren infiziert von den freiheitlichen Ideen der Französischen Revolution, die auch die Freimaurerei in Chile forcierte. Und wie viele andere junge Menschen begeisterte sie die Oktoberrevolution in Russland. Sie schlossen sich der kommunistischen Partei an und strebten nach einer besseren Gesellschaftsordnung in Chile. Beide Brüder genossen eine sehr gute Schulbildung und studierten Architektur.

Danach gründete Jorge mit seinem Bruder ein Architekturstudio. Ihnen wurden interessante Projekte in Santiago und anderen Orten in Chile angetragen. Aufgrund ihrer Zugehörigkeit zur sogenannten *capa media*, zur einflussreichen Mittelschicht Chiles, waren sie von den Klassenkämpfen nicht direkt betroffen und nicht daran beteiligt. Ihre Eigenständigkeit und Unabhängigkeit garantierte die Existenz ihrer Familien und die unauffällige Basis für die Genossen im Trubel der gesellschaftspolitischen Prozesse in Chile. Das war besonders nützlich nach dem Militärputsch vom September 1973.

Victoria Maier, eigentlich Ines Victoria Maier, hatte europäische Wurzeln. Ihr Vater Gustav Maier war vermutlich Schweizer, die Mutter Österreicherin oder Deutsche. Gustav Maier war ein bekannter Geologe an der Universität Zürich. Als solcher berief ihn der russische Zar um die Jahrhundertwende nach Moskau und beauftragte ihn mit der geologischen Erforschung des fernen Ostens. Maier reiste mit seiner Frau dorthin.

Um nicht in die revolutionären Mühlen von 1905 zu geraten, schlugen sie sich nach China durch. Von dort nahm er mit seiner Universität in Zürich Verbindung auf, die ihm nahelegte, einen Auftrag der Regierung Chiles anzunehmen. Santiago wünschte den Süden Chiles geologisch zu erkunden.

Maier nahm den Auftrag an und reiste mit seiner Frau und den drei kleinen Töchtern von China nach Chile. Auf Pferden und Maultieren, begleitet von chilenischen *peones*, zog er nach Patagonien und Feuerland. Er entdeckte vor allem Steinkohlelagerstätten und kartierte die Ergebnisse seiner geologischen Erkundungen. Im Süden Chiles kam die Familie in Kontakt mit dort lebenden Deutschen. Maier schätzte den deutschen Pioniergeist in der deutschen Kolonie. Er versuchte sich einzubringen und bemühte sich um weitere Unterstützung durch das deutsche Mutterland. Seine Töchter wuchsen in Chile auf, behielten aber ihre deutsche

Staatsbürgerschaft. In der Familie wurde deutsch gesprochen, ansonsten spanisch. Victoria begann Anfang der dreißiger Jahre ein postgraduales Architekturstudium bei Professor Clemens Holzmeister an der Universität Wien. Dort verliebte sie sich in den Architekten Herbert Eichholzer und lernt die spätere Professorin Margarete Schütte und auch Bruno Taut kennen. Fast alle waren Kommunisten und begannen illegal gegen die deutschen Faschisten zu kämpfen.

Victoria war als junge ausländische Studentin unbewusst in die sich formierende Widerstandsgruppe um den österreichischen Architekten Clemens Holzmeister gekommen. Die Gestapo wurde bald auf die Gruppe aufmerksam und nahm sie ins Visier, weshalb sie nach Istanbul emigrierte.

Victoria wurde in die illegalen Aktivitäten einbezogen und mit Kurieraufträgen betraut. Ihr chilenischer Pass erlaubte es, nach Deutschland und in andere Staaten zu reisen. Bei einer Kurierfahrt wurde sie abgefangen. Sie wurde verhaftet, verhört und sollte mit vielen anderen in den dafür inszenierten Prozessen abgeurteilt werden. Sie hatte Glück: Der damalige chilenische Botschafter in Berlin bemühte sich um sie. Und hilfreich war auch die Tatsache, dass zwischen Hitlerdeutschland und Chile gute Beziehungen bestanden – in Chile wirkte eine repräsentative Auslandsorganisation der NSDAP, junge deutschstämmige Chilenen dienten freiwillig in der Wehrmacht, und die deutsche Kolonie im Süden war als sicherer Stützpunkt für deutsche Kriegsschiffe und andere Zwecke gedacht.

Victoria kam frei, aber die Bewährung war mit der Auflassung verbunden, dass sie sich unter die Aufsicht eines nazitreuen Rechtsanwalts in Weimar begeben musste. Nach Ablauf der Frist erwirkte der chilenische Botschafter ihre Ausreise nach Chile. Dort beendete sie ihr Studium und lernte dabei Jorge Gonzalez kennen. Sie heirateten und bekamen zwei Kinder, Carlos und Carla Maier Gonzalez.

Victoria arbeitete in der *Contraloria*, eine Art Rechnungshof der Regierung.

Wann und wie die Kontakte zu Victoria und Jorge zur DDR zustande kamen, weiß ich nicht. An Anfang stand aber wohl eine Verbindung zwischen Gewerkschaftern in Chile und der DDR. Später holten sich die ersten Außenhändler und Diplomaten der DDR bei ihnen Rat über das Leben in Chile, sie konsultierten sie bei gesundheitlichen Problemen wie auch zur chileni-

Av. El Golf 34 – die Adresse der Botschaft der DDR

schen Küche. Unvergesslich Victorias Einladungen zur *Caldo de pescado*, ihre eigene Kreation einer Fischsuppe.

Victoria und Jorge waren Mitbegründer und sehr aktiv in der Freundschaftsgesellschaft Chile-DDR. Darum wurden sie zu verschiedenen Anlässen als Ehrengäste in die DDR eingeladen.

Ihr Haus befand sich in der Nähe der Residenz des DDR-Botschafters. Das lag in einem Stadtviertel, in dem vorwiegend Familien des gehobenen Mittelstands lebten. Es wurde vom Militär weitgehend verschont.

Auch das Architektenbüro der Gebrüder Gonzalez in der Nähe des *Palacio Diego Portales*, dem ersten Sitz der Militärjunta, wurde nicht behelligt.

Nach dem Putsch reduzierten wir die Kontakte zu Victoria und Jorge auf einen einzigen Kanal. Nur einer von uns unterhielt Beziehungen, die für die Verbindung zum politischen Widerstand wichtig waren. Und wir versuchten über diesen Weg junge Chilenen für ein Studium in der DDR gleichsam zu akquirieren, um auf diese Weise langfristig zur Überwindung der Militärdiktatur beizutragen. So war auch Leonardo Yáñez Betancourt zum Studium nach Dresden gekommen, wo er Sonja Honecker kennengelernt hatte.

Auch Carla, die Tochter der beiden Gonzales', kam so in die DDR. Sie studierte in Weimar, wo bereits ihre Mutter eine Zeitlang gelebt hatte, bis 1981 Architektur. Danach absolvierte sie Zusatzstudien in Paris und Lima. Nach ihrer Rückkehr nach Chile, fand sie zunächst eine Anstellung im familieneigenen Architekturbüro, nach Abdankung der Militärs eine im Bauministerium.

Victoria Gonzales verstarb 1997. Zuvor hat sie mit Carla noch eine Reise nach Europa unternommen. Da es die DDR schon nicht mehr gab, hatten sie hier auch keinen offiziellen Anlaufpunkt und von den einst in Chile eingesetzten Genossen, die sich gern mit ihnen getroffen hätten, offenbar keine Adressen.

Carla kannte die spätere Präsidentin Michelle Bachelet aus ihrer Studienzeit in der DDR. Das war für sie durchaus von Vorteil. Sie wurde in deren Wahlkampf einbezogen. Danach hatte sie verschiedene Funktionen in Ministerien inne.

Alle, die Victoria und Jorge in Chile kennen gelernt haben, werden sie nie vergessen.

Kunst aus dem KZ Chacabuco

Nach dem Militärputsch in Chile am 11. September 1973 richtete die Soldateska viele Gefängnisse ein wie das Nationalstadion und das Stadion de Chile in Santiago. Im ganzen Lande entstanden behelfsmäßig Lager, die als Folterzentren der militärischen Geheimdienste unrühmliche Bekanntheit erlangten. So die »Villa Grimaldi« und »Tres Alamos« in Santiago, »Tejas Verdes« bei Concepcion, »Ritoque« an der Küste bei Vina del Mar sowie die Konzentrationslager »Chacabuco« in der Atacamawüste im Norden und auf der Insel Dawson im unwirtlichen Süden Chiles. Die Gefangenen in den Konzentrationslagern wurden hermetisch von der Außenwelt abgeschirmt. Sie erfuhren nichts über die Ereignisse im Lande und von ihren Familien.

Chacabuco mitten in der Wüste war eine 1908 verlassene Salpetermine. Viele Minen, sogenannte *Oficinas*, waren seinerzeit von heute auf morgen stillgelegt worden, weil mit ihnen nichts mehr zu verdienen war. Inzwischen konnte man den Rohstoff für Dünger und Schießpulver synthetisch herstellen. Die Öfen, in denen die *Caliche*, der Rohsalpeter, gekocht wurde, die primitiven Wohngebäude, die Kirche, die auch als Theater und Veranstaltungssaal diente, der große Schornstein, der als Wahrzeichen weithin sichtbar war, sowie das Verwaltungsgebäude waren durch das trockene Wüstenklima konserviert worden. Die Militärs zogen um das Areal Stacheldraht und fertig war das Gefangenenlager. Im weiten Umkreis gab es nur die Wüste, keinen Baum, keinen Strauch, nichts. Die Gefangenen, gut gebildete und politisch aktive Menschen, drohten in dieser Isoliertheit psychisch zu Grunde zu gehen. So kamen einige auf die Idee, die Männer zu kreativen Tätigkeiten anzuregen.

Zuerst fertigte man Werkzeuge aus Schrott, Nägeln und Metallgegenständen; Sand benutzte man zum Schleifen von Steinen, Sticheln und Schnitzmessern. Alte Holzbohlen teilte man in handliche Stücke. Darauf zeichneten Begabte Motive des Lagers, die dann von den Schnitzern in wochenlanger Kleinarbeit plastisch herausgearbeitet wurden. Mit den sehr primitiven Werkzeugen und ohne vorherige Ausbildung oder praktische Erfahrung, waren das zeitraubende Arbeiten. Je nach Geschick kamen beachtliche Werke zustande. Als nach einiger Zeit Besuchserlaubnisse für die Familienangehörigen erteilt wurden, schmuggelte diese die Kunstwerke aus dem Lager in die Hauptstadt und versuchten sie zu verkaufen. Mit dem Erlös kauften sie Lebensmittel für die Familien.

Auch der Restgruppe der DDR wurden solche Stücke angeboten, die wir auch aus solidarischen Gründen erwarben.

Mein Exemplar wurde aus einer alten Tischplatte herausgearbeitet. Es zeigt deutlich erkennbar Motive des Lagers Chacabuco. Sein Schöpfer war ein Genosse Ramon. Leider habe ich nie mehr als seinen Namen

Rudolf Herz mit seinem Erinnerungsstück aus Chile in seiner Berliner Wohnung, 2023.
Das Relief wurde von einem Häftling im Konzentrationslager Chacabuco aus einer alten Tischplatte in der stillgelegten Salpetergrube herausgearbeitet. Nur sein Vorname ist bekannt: Ramon.

erfahren. Ich bin stolz auf dieses Relief, was mich immer an unser Wirken und unsere geleistete Hilfe und Unterstützung für die gedemütigten und standhaften chilenischen Genossen erinnert.

Salud auf den Penultimo

»Wer einmal in Südamerika war – den lässt es nicht mehr los!« Dabei kann und soll ein Abschied bei der Abreise nie der letzte sein. Abreisen erfolgten während oder nach Auslandseinsätzen immer. Besonders das enge Zusammenleben und -arbeiten in spannungsgeladenen, turbulenten Zeiten und die vielen, sehr unterschiedlichen gemeinsamen Erlebnisse, ließen bei jedem Abschied immer auch Wehmut aufkommen. In Chile hatten sich in den vielen Jahren sehr enge Beziehungen zu den Freunden und Genossen aus verschiedenen Ländern entwickelt. Freundschaften, innige Beziehungen, tiefe Vertrauensverhältnisse, die alle Brüche und Fährnisse überdauerten.

Wenn eine Abreise anstand – die Flugzeuge nach Europa starteten in Santiago immer sehr früh am Morgen – begleiteten wir die Reisenden immer mit Eskorte zum Airport. Nach der Abfertigung fand sich die Seilschaft oben in der Bar ein, um noch einmal auf Vergangenes und die Zukunft anzustoßen. Natürlich mit dem chilenischen Nationalgetränk, einem *Pisco Sour*.

Mit den Abreisenden tranken wir nie »den letzten Schluck«, sondern immer nur den vorletzten, den *penultimo*. Wichtig war, dass er von dem Reisenden gezahlt wurde. So viel Geld in chilenischer Währung musste man dann schon noch in der Tasche haben, sonst war das kein gutes Omen. Als wir zum letzten Mal 1983 aus Chile abreisten, wurde dieser Brauch noch gepflegt.

Inzwischen gibt es in Chile offiziell keine »Bürger aus Freundesland« mehr. Mit den Ossis ging, wie vieles andere auch, dieser schöner Brauch verloren.

Für uns bleibt er eine unvergessliche Erinnerung. Darum *Salud* auf den *Penultimo*!

Unsere Finnen

Yksi (1), kaksi (2), kolme (3), neljä (4), viisi (5), kuusi (6), seitsemän (7), kahdeksan (8), yhdeksän (9), kymmenen (10) … Was sich anhört wie eine keltische Zauberformel oder ein arabischer Abzählreim das sind die Zahlen eins bis zehn in finnischer Sprache.

Es würde wohl kaum jemandem einfallen, ausgerechnet diese Sprache zu erlernen, zumal in Finnland selbst – wohl wegen der äußerst ungewöhnlichen Sprache, die aus dem indisch-ugrischen Sprachstamm hervorgegangen sein soll – auch Schwedisch als zweite offizielle Sprache zugelassen ist.

Um den Finnen nun doch Kontakt mit anderen Menschen zu ermöglichen, wird in den Schulen obligatorisch eine zweite Fremdsprache gelehrt. Bis vor einigen Jahren war das sogar Deutsch, das wurde aber inzwischen durch Englisch ersetzt.

Nach dem Militärputsch 1973 in Chile übernahm Finnland bekanntlich den diplomatischen Schutz über unsere Gebäude und die Restgruppe, zu denen auch ich gehörte. Eine solche Konstellation gab es in der bisherigen Geschichte der Diplomatie sehr selten, für die DDR war es das erste Mal. Wie so etwas gestaltet wird und wie es sich entwickelt, wusste damals niemand.

Die Schutzbeauftragten in Chile waren der Geschäftsträger Tapani Brotherus und Vizekonsul Ilka Jamala.

Gesandter Tapani Brutheros empfängt die Glückwünsche in Badehose (rechts außen seine Frau Lysa). Links außen Konsul Horst Richel, im Jackett Dr. Arnold Voigt, der Leiter der Restgruppe. Der Kopf gehört zu Günther Küpper

Sie waren schon länger im Lande und führten ein relativ ruhiges Diplomatendasein. Der finnische Botschafter saß im argentinischen Buenos Aires, Santiago war lediglich eine Außenstelle. Diese verfügte über ein Büro in einem Geschäftshaus im Stadtzentrum.

Brotherus war der Sohn eines angesehenen sozialistischen Journalisten und ein unverhohlen offener Sympathisant Allendes und der Regierung der UP. Seine Ehefrau Lisa kam aus Schweden.

Der Vizekonsul Jamala war Sohn eines finnischen Offiziers, der mit seiner Familie während des Krieges nach Argentinien emigrieren musste. Offenkundig hatte er mit den Nazis kollaboriert. Jamala war in Argentinien aufgewachsen und beherrschte Spanisch wie seine Muttersprache. Seine Frau Pia war die Tochter eines karelischen Grundbesitzers, der im Zuge des finnisch-russischen Krieges seinen Besitz verlor. Das erklärte ihren tiefen Hass auf alles, was mit der UdSSR zu tun hatte. Und ihr Unmut richtete sich von Anfang an auch gegen uns, schließlich waren wir die Bundesgenossen der Russen. Vor allem wenn ihr Alkoholpegel etwas höher stieg, überschritten ihre provokanten Angriffe schnell die unter Diplomaten übliche Anstandsgrenze. In solchen Momenten schimpfte sie in ihrer Muttersprache, weshalb sie niemand verstand.

Wir merkten auch bald, dass unsere beiden Schutzpatrone recht gut Deutsch verstanden und stellten uns darauf ein.

Die gegenseitigen Kontakte waren anfangs sehr distanziert und formal. Das änderte sich aber schnell, weil wir sie mit Problemen konfrontierten, mit denen sie nie gerechnet hatten und derer sie sich aber annehmen mussten.

Unter unserer Restgruppe waren auch vier Monteure, die sich um die von der DDR gelieferten Traktoren ZT 300 kümmern mussten. Der Versorgungsvertrag zog eine ganze Reihe bürokratischer Probleme nach sich, die sie zu lösen hatten. Das größe Problem waren natürlich die asylierten Chilenen in unserer einstigen Botschaft.

Welche Konsequenzen das haben konnte, mache der Fall des schwedischen Botschafters Harald Edelstam bewusst. Als die Juntasoldaten die kubanische Botschaft stürmen wollen, für die das skandinavische Königreich verantwortlich war, fuhr Edelstam mit einer riesigen schwedischen Fahne vor und prügelte sich mit der Polizei, die ihn attackierte. Die Fotos gingen durch die Weltpresse.

Brotherus teilte uns seine Bedenken mit. Er könne nicht ausschließen, dass ihm ähnliches widerfahre, denn alle skandinavischen Länder verfolgten eine abgestimmte Außenpolitik. Seine persönliche Befürchtung bestand also darin, dass seine Regierung von ihm vergleichbare Aktionen erwarte. Er beruhigte sich damit, dass er nur ein Büro und kein repräsentatives Botschaftsgebäude habe.

Die Flüchtlingswelle schwoll von Tag zu Tag an. Schutzsuchende überwanden in der Nacht die Mauern und Zäune von Botschaften und Residenzen und baten am Morgen um Asyl. Unseren Finnen passierte das nicht. Ihre Residenz lag in einem Gebiet, wo nur vornehme Leute wohnten, die zum Teil ihre eigenen Wächter hatten. Ich glaube, die finnische Vertretung wurde überhaupt erst bekannt, nachdem sie Schutzmacht der DDR geworden war.

Es kam der Tag, wo wir die beiden Finnen ins Vertrauen zogen und sie über unsere »Gäste« informierten. An den darauf folgenden zwei Tage waren beide nicht auffindbar. Sie waren, wie es ihre Art war, in einer Alkoholwolke abgetaucht. Entweder war es der Schreck oder die Freude darüber, dass auch sie nun solidarische Aktivitäten für Asylbewerber nach Helsinki melden konnten.

Eines Morgens erreichte uns ein Anruf von Brotherus mit der Bitte, sofort in seine Residenz zu kommen. Im Garten erwateten uns etwa zwanzig junge Chilenen. Sie waren auf der Flucht und hatten den Hinweis auf die Residenz bekommen. In der Nacht waren sie eingestiegen. Am frühen Morgen hatte die Hausherrin ihr Bad im Pool genommen, wie in Schweden üblich natürlich nackt. Und als sie aus dem Wasser stieg, bmerkte sie zu ihrem Entsetzen, dass auf der überdachten Terrasse mehrere junge Männer saßen und sie beobachteten.

Was also tun, fragte Brotherus.

Wir berieten und schlugen vor, unsere Schule, ein geräumiges Landhaus, unweit unserer Botschaft gelegen, als Finnische Botschaft zu deklarieren und die Asylierten dort unterzubringen. Sicherung des Transports, Versorgung und Betreuung würden wir übernehmen.

Wir fertigten eine entsprechende Tafel an und zogen die finnische Fahne auf. Später konnten wir eine ganze Reihe gefährdeter Flüchtlinge einschleusen, zeitweise waren bis zu sechzig Personen dort untergebracht. Für Ordnung und Disziplin sorgten sie selber.

Diese für alle Beteiligten optimale Lösung brachte uns den Finnen ein Stück näher.

Ein weitere günstig Gelegenheit bot sich am 6. Dezember 1973 – dem finnischen Nationalfeiertag –, als die »Neubrandenburg« im Valparaiso festmachte.

Wir schlugen dem Kapitän vor, aus diesem Anlass für unsere Schutzmacht einen kleinen Empfang an Bord zu geben. Dieser Ministaatsakt, von der Besatzung engagiert vorbreitet und in aller Form vollzogen (die

Empfang am 6. Dezember 1973 auf der MS »Neubrandenburg«. Schiffsarzt Dr. Fenske, Dr. Arnold Voigt und seine Frau Gertrud, die bis zum Putsch den Außenhandelsbetrieb (AHB) Pharmazie vertrat, und Herz (v.r.n.l.)

finnische Nationalhymne hat elf Strophen!), brachte unsere Schutzbeauftragen und vor allem ihre Damen auf unsere Seite. Die Beziehungen wurden bald sehr persönlich und belastbar.

Es gab aber auch noch einen anderen, ziemlich profanen Grund: Unsere diplomatischen Beschützer hatten erfahren, dass das Whisky-Jahreskontingent der DDR-Botschaft kurz vor dem Putsch angekommen war.

Die 600 Liter spülten alle Vorurteile und Ressentiments hinweg. In den alkoholischen Plauderstunden erfuhren wir mehr als üblich. Nachrichtendienstlich ein Eldorado. Und arbeitstechnisch ideal. Wir konnten sie zu Hilfsaktionen überreden, und wir konnten ihnen Arbeit abnehmen. Heute würde man sagen: eine klassische Win-Win-Situation. Beide Seiten profitierten von der offenen Beziehung.

Nervosität machte sich erst breit, als ein neuer finnischer Botschafter in Buenos Aires angekündigt wurde. Zuvor schaute eine finnische Kontrollkommission in Santiago nach dem Rechten, sie wollte sich ein Bild von unserer Zusammenarbeit machen. Wir luden die Kommission zu einem gemütlichen Beisammensein in unsere Residenz ein. Wir aßen, tranken, tanzten – es war ein gemütlicher Abend. Plötzlich rief einer der Finnen seine Leute zusammen. Sie tuschelten miteinander und verließen ohne Kommentar, aber mit sehr finsteren Mienen die Residenz.

Einige Tage später erfuhr Konsul Richel von Jamala den Grund. Man habe unser Mikrofon entdeckt, mit dem sie abgehört worden seien!

Wir waren konsterniert. Wir hatten keine Wanzen installiert und forderten ihn auf, uns zu zeigen, was seine Landsleute gesehen und zum abrupten Aufbruch veranlasst hatten.

In der Residenz wies man auf einen runden Gegenstand, der auf einem Wandschränkchen lag.

Es handelte sich um den Schlüssel vom Gartentor!

Wir schütteten uns aus vor Lachen.

Allerdings vertrieben wir damit das Misstrauen nicht vollständig.

Das gelang erst unserem Gärtner.

Der neue Botschafter lud zu einem Empfang und begrüßte seine Gäste vor, nicht in der Residenz. Der Grund: Man hatte zur Feier des Tages den Kamin angezündet, doch der qualmte nur und zog nicht. So verräucherte das ganze Haus. Offenkundig hatten Wespen in

Plakat mit dem Text des westdeutschen Lyrikers Peter Maiwald, das die DKP 1973/74 verbreitete

der Esse ein gewaltiges Nest gebaut und den Abzug versperrt, denn sie schwirrten uns um die Köpfe. Vorsichtshalber verlegte der Botschafter den Smalltalk in das Restaurant nebenan. Am nächsten Tag schickten wir unseren Gärtner, Sohn einer ehrbaren Landarbeiterin, der den Wespenschwarm aus dem Kamin vertrieb.

Zur finnischen Kolonie gehörte auch der von seiner Kirche nach Chile strafversetzte finnische Missionar Mauno. Er liebte nicht nur Jesus, sondern auch den Alkohol. Mehrere Jahre war er trocken. Als ihn seine Landsleute zur Betreuung der Asylierten anstellten, wohl auch um uns zu kontrollieren, verfiel er wieder dem Alkohol. Wie die alleinstehende, liebeshungrige finnische Sekretärin Laura. Sie kannte alle Bars, wo heißblütige chilenische Machos zugange waren. Sie hatte unsere Telefonnummer und ließ uns anrufen, bevor es zu gefährlich wurde. Wir holten sie ab …

Unvergesslich sind mir hingegen die mehrtägigen Angelausflüge in den Süden Chiles mit den Finnen. In den dortigen Wildwassern schwammen stattliche Lachsforellen. Neben dem Ehrgeiz, wer die größten Fische fing, trieb uns die Aussicht auf gemeinsamen Verzehr des Fangs. Brotherus hatte einen kleinen Räucherofen mit speziellem Sägemehl aus Helsinki mitgebracht …

Ende Oktober 2009 erhielt ich überraschend eine Einladung zu einem Treffen mit Tapani Brotherus. Wir trafen uns in Berlin an der Weltzeituhr auf dem Alexanderplatz. Leider konnten nur wir zwei daran teilnehmen – der damalige Leiter unserer Arbeitsgruppe Prof. Dr. Arnold Voigt und ich. Nach 35 Jahren sahen wir

Treffen an der Weltzeituhr auf dem Berliner Alexanderplatz mit Tapani Brotherus (Mitte), 2009

uns erstmals wieder. In einer ruhigen Gaststätte ließen wir unsere chilenische Vergangenheit aufleben und erinnerten uns an etliche Episoden und vieles mehr, als wären sie gestern gewesen.

Tapani Brotherus erzählte uns, dass er sein Exemplar des Buches über den Putsch 1973, an dem wir beide mitgeschrieben hatten, der Präsidentin Bachelet persönlich übergeben habe. (*Flucht vor der Junta, herausgegeben von Gotthold Schramm; edition ost 2004*) Wir hofften, dass es nicht das letzte Treffen war. Zumal seine Tochter, mit dem Sohn eines ehemaligen deutschen Diplomaten verheiratet, am Rande von Berlin lebte.

Aber wir werden alle nicht jünger. Und die meisten Autoren, die damals an dem Buch mitgewirkt haben, sind inzwischen verstorben.

Chile 2008, eine Erfahrung

Nach einem dreizehnstündigen Flug von Madrid, in einem rappelvollen Airbus 340, eingezwängt auf einem engen Sitz, landete ich an einem herrlichen Sommermorgen 2008 auf dem Flugplatz von Santiago de Chile. Ein neues großzügiges Terminal und eine langwierige, gründliche Einreisekontrolle waren das Erste, was mir auffiel.

Überschwänglich begrüßten mich meine Freunde – das eine Ehepaar hatte ich vor dreißig Jahren zum letzten Mal gesehen, das andere kannte ich noch nicht. Auf der Fahrt in die Stadt zeigten und erklärten sie mir die neuen Straßen, wiesen auf neue Gebäude. Ich spürte einen gewissen Stolz auf die Entwicklung ihres Landes. Es war Spätsommer, an den Barrons reiften herrliche Weintrauben. Eigentlich müsste es schon regnen, aber der Klimawechsel verzögerte die Regenperiode.

Um die Mittagszeit waren es immer noch weit über 30 Grad und der Abend angenehm. In dieser Zeit spielte sich alles auf dem kleinen Hof ab. Am ersten Tag musste ich mich erst eingewöhnen. Es gab viel zu erzählen, ein Gläschen Wein und Pisco lockerte die Zungen und brachte uns schnell näher. Die ständige Spannnung in der sich ein Aufklärer im Operationsgebiet immer befand, gab es nicht mehr. Trotzdem kamen die Erinnerungen daran immer wieder hoch.

Meine Ankunft hatte sich herumgesprochen. Meine Tage waren schnell verplant. Ich traf ehemalige Mitstreiter, Asylierte von damals, und auch neue interessante Personen. Unser einstiger Gast Leonardo Yáñez lud mich zu einem Treffen ehemaliger Studenten der TU Dresden ein. Und seine Schwiegermutter, Margot Honecker, die mich dem Namen nach kannte, wünschte mich zu sehen. Mit ihr besuchten wir den ehemaligen Vorsitzenden der KP Chiles, Louis Corvalan, in seinem Haus.

Denkmal für Allende neben der Moneda

Ich suchte viele mir bekannte Orte auf und entdeckte viel Neues. Im Gegensatz zu früher waren diesmal meine Verkehrsmittel die Metro und gut eingelaufene Schuhe. Mit der Metro kam ich direkt zum zentralen Platz, dem *Plaza de Armas*, das historische Zentrum der Hauptstadt. Dort hatte sich nicht viel verändert. Man hatte den Platz ein wenig umgestaltet, zu seinem Vorteil, meinte ich. Er hat nun eine Metrostation, fünfzig Meter unter der Erde. In der Fußgängerzone rundum herrschte sehr viel Betrieb, es gab unzählige kleine Geschäfte, Cafés und Imbisstände, aber auch Banken und Verwaltungsgebäude. Ich wechselte Geld. Für einen US-Dollar erhielt ich 430 Pesos, für einen Euro sogar 620. Ein Kaffee kostet 1250 Peso, zwei Euro also. Ein reeller Preis.

Die Kathedrale, das Hauptpostamt, der Nationalkongress und die Moneda, der Amtssitz des Präsidenten, alles noch wie früher. Dort, wo einst ein blinder Klarinettist seinen Lebensunterhalt verdiente, sangen jetzt eine italienische Opernsängerin mit ihrem Partner weithin hörbar bekannte Melodien aus Opern und Operetten. Ihr Orchester steckte in einem leistungsfähigen Recorder. Musikanten, Laienkünstler, Maler, Schuhputzer und Bettler gab es an jeder Ecke. Viele Chilenen sprachen in ihre *celulares*, so hießen hier die Handys.

Am nächsten Tag fuhr ich in das *Barrio Alto*, dort wo sich früher unsere Botschaft, die Handelspolitische Abteilung und die Schule befanden. Dahin, wo wir mal gelebt hatten. Erstaunt und enttäuscht sah ich, dass sich dort nun riesige Hochhäuser erhoben. Ein auffälliger, sehr attraktiver Glaspalast, umgeben von architektonischen Meisterwerken, ließ den Standort unserer Botschaft allenfalls ahnen. An der Ecke El Golf mit Apoquindo stand noch die Residenz Spaniens, auch die kleine Kirche neben dem parkähnlichen Rondell gab es noch, ebenso die Botschaft der Tschechen.

In ganz Santiago ist sehr viel gebaut worden. Der finanzwirtschaftliche Aufschwung des Landes, besonders durch einen langfristig hohen stabilen Kupferpreis, durch Exporte von Bergbauprodukten, Getreide, Obst und Gemüse, Fisch und Fleisch, begünstigt durch jahrzehntelange neoliberale Wirtschafts- und Finanzpolitik, hatten Chile einen nie dagewesenen Aufschwung beschert. Einfließendes ausländisches und erstarktes nationales Kapital hatten vor allem der Infrastruktur

Zu Besuch mit Margot Honecker bei Lily und Luis Corvalan, dem langjährigen Vorsitzenden der KP Chiles

und dem Bauwesen einen optisch nicht zu übersehenden Aufschwung gebracht.

Im ganzen Stadtgebiet, auffallend aber in vornehmeren Vierteln, übertrafen sich hochmoderne Verwaltungspaläste und großzügige Wohnhochhäuser. Kleinere Geschäfte im Umfeld waren zu Restaurants umfunktioniert worden und garantierten in den Mittagspausen beachtliche Umsätze. Es herrschte eine Atmosphäre gekünstelter Vornehmheit, die im krassen Gegensatz zum gewohnten chilenischen Alltag stand.

Die meisten der auffälligen Prunkbauten und Kommerztempel standen in keinem ausgeglichenen Verhältnis zur chilenischen wirtschaftlichen und finanziellen Basis. Trotz hochentwickelter Produktionszweige wie dem Bergbau, der Landwirtschaft und der Fischerei, dem Bauwesen, dem Groß- und Einzelhandel, sorgte

Gedenktafel am Wohnhaus des mit einer Giftspritze ermordeten Dichters Pablo Neruda, März 2008

einfließendes vagabundierendes Kapital für Dynamik. Es hatte sich eine zum Teil autonome, aber auch abhängige Schicht nationaler Kapitalisten entwickelt, flankiert von ausländischen Finanzkonsortien und Kapitalströmen, die diesen Prozess künstlich antrieben. Davon profitierte auch ein Teil der in Chile immer schon einflussreichen Mittelschicht. Auch ein beachtlicher Teil der einfachen Leute.

Flanieren und einkaufen in einem riesigen überladenen Einkauftempel, einer Mall (*Mol* oder *Jumbo*), die inzwischen im ganzen Lande existieren, der Besitz einer Wohnung, eines Autos, Reisen und Wohlstand waren für viele Chilenen inzwischen möglich. Die Erfüllung der Lebenswünsche hing von der Fähigkeit eines jeden Einzelnen ab, nicht etwa von den politischen Verhältnissen. So die auch hier geltende Philsophie des Kapitalismus. Diese Entwicklung begann mit der Einführung des neoliberalen Turbokapitalismus, als die Soldateska Pinochets jegliche politische Opposition unterdrückte. Sie trug heute sichtbare Früchte. Die Fassade glitzerte und blinkte.

Selbst ehemalige aktive und überzeugte »Linke« suchten nach erklärbaren »Gesetzmäßigkeiten«, um ihre eigene Wendung zu rechtfertigen. Viele schwammen auf der Wohlstandswelle: Jene, die sich im erzwungenen Exil solide Kenntnisse angeeignet hatten, saßen nun in gut bezahlten Positionen in Regierungenseinrichtungen und Verwaltungen.

Die aufrechten politischen Kämpfer, vor allem Kommunisten, die gegen die Militärjunta, gegen maßlose

Margot Honecker und Rudolf Herz, 2008

Ausbeutung und für soziale Gerechtigkeit, medizinische und Bildungsgleichheit eintraten, waren auf ein unbedeutendes Grüppchen geschrumpft. Die einst stolze Kommunistische Partei Chiles, die nie unter 20 Prozent der Stimmen bei Wahlen bekommen hatte, war in einem Wahlbündnis mit knapp fünf Prozent fern von allem politischen Einfluss. Innere Zerwürfnisse, Sektierertum, unpassende Taktiken und unklare Ziele, unerfahrene, unbekannte Kader waren weitere Gründe gegenwärtiger politischer Paralysierung der revolutionären Kräfte und Organisationen.

Der Untergang des real existierenden Sozialismus, besonders der in der DDR, hatte viele Illusionen und politische Ambitionen entschärft. Das Streben nach maximaler Befriedigung persönlicher Bedürfnisse, wozu die überzüchtete Kommerzialisierung geradezu herausforderte, hatte auch bei ehemaligen Linken, besonders bei den Sozialisten, die auf allen Ebenen in Regierungsfunktionen einbezogen wurden, zu politischen Irritationen geführt. Eine maßlose einseitige politische Beeinflussung und Manipulation der Chilenen, durch die von der Bourgeoisie qualifiziert beherrschten Medien, forcierte diesen Prozess.

In Chile bietet die Regierung der *concertation* mit einem mitte-linken Touch gegenwärtig ausreichend Gewähr für innere Stabilität. Sollte das Volk trotzdem aufmucken, so hat die Bourgeoisie genügend Strukturen in Reserve, um die Macht zu behaupten. Im schlimmsten Falle bleibt noch das Militär, was die Lektionen ihres Generals Pinochet sicherlich noch in Erinnerung hat.

Von der Erkenntnis, dass die Ausbeutung der chilenischen Ressourcen nur einer kleinen Gruppe einheimischer und zu einem weit größerem Teil ausländischer Finanzhaie zugute kommt, sind die Menschen auch in Chile noch weit entfernt. Die politische Opposition war und ist ohne spürbaren Einfluss …

Ich traf in Santiago alte Freunde wieder und fand neue. Es war ein angenehmes Gefühl, so viel ehrliche Dankbarkeit, Anerkennung und Hochachtung für die DDR, für die geleistete Hilfe und Solidarität zu vernehmen. Es ist doch nicht alles vergessen.

Robertos Vernissage

Die Ankündigungen einer Ausstellung von Bildern des chilenischen Malers Roberto Yáñez Betancourt H. fand meine Aufmerksamkeit. Zur Ankündigung gehörten auch ein Interview mit dem Künstler und eine Dokumentation mit dem Titel »Erich Honeckers Enkel« im *MDR*. In beiden Publikationen schien die übliche politische Diskriminierung der DDR zurückgenommen. Vielleicht bedeutet es, dass man die politische Gehässigkeit, wenn es um die DDR ging, jetzt generell dämpfte, oder gar darauf verzichtete. Das wäre eine späte, aber nützliche Einsicht der Meinungsmacher und ihrer politischen Eminenzen im Hintergrund.

Im Mittelpunkt stand der Künstler Roberto als privilegierter Honecker-Enkel in der DDR. Es wurde an Orten seiner Kindheit gedreht (Wandlitz, Opas Jagdhaus Wildfang, Leipziger Straße in Berlin …). Es gab Begegnungen mit ehemaligen Bekannten und viele Erinnerungen.

Seine Odyssee nach der Übersiedlung der Familie nach Chile war gewiss für viele neu. Besonders sein Absturz und sein Leben am Rand der Gesellschaft in einer Hippie-Kommune, Drogenkonsum, Entzug und vielfältige Versuche, im normalen Leben wieder Fuß zu fassen, rührte an. Er begann zu malen, schrieb Gedichte, Texte und Lieder. Es war ein langer Weg, über

Abstinenz, Einsicht und kreativer Betätigung, um seine Selbstachtung wieder zu finden und zu festigen.

In dieser Lebensphase hatte er eine Unmenge Erlebnisse, viele Erfahrungen gesammelt und unterschiedlichen Menschen kennengelernt. Aus diesem Fundus schöpft er wohl hauptsächlich die meisten Impulse, Ideen und Energie für sein künstlerisches Schaffen. Diese Phase machte ihn offensichtlich als »Künstler« interessant.

Die Galerie Kornfeld in einer Nebenstraße des Kurfürstendamms in Berlin erhoffte sich Aufmerksamkeit und eine erfolgreiche Platzierung auf dem umkämpften Kunstmarkt: der Maler Roberto Y. B., Enkel des ostdeutschen Diktators. Trägt das?

Die Vernissage war gut besucht, 22 Gemälde waren zu sehen. Die meisten Gäste waren offensichtlich Szenegänger. Sie nutzen solche Gelegenheiten, um sich zu zeigen, für sich selbst Reklame zu machen und Gleichgesinnte zu treffen. Für die Bilder schienen sich die wenigsten zu interessieren.

Der »Künstler« Roberto – ein großer kräftiger Mann – war nicht zu übersehen. Trotzdem wirkte er eher wie eine Randfigur in dem Trubel. Um ihn bemühten sich ein paar Leute, vor allem junge Damen, was ihm sichtlich gut tat.

Er selbst war ziemlich aufgeregt und konnte das Geschehen nicht übersehen, geschweige denn beeinflussen. In seinem legeren Outfit wirkte er eher wie ein gutmütiger großer Junge von der Straße. Seine Kumpelhaftigkeit, Zurückhaltung und Unsicherheit ließen erken-

Mit Robert Yáñez, Honeckers Enkel, auf der Vernissage in Berlin, 2013

nen, dass ihm noch die nötige Erfahrung und Präsentation in einer solchen Umgebung fehlten. Der mexikanische Maler und Muralist David Alvaro Siqueiros, den ich in Mexiko kennengelernt hatte, agierte in solchen Situationen ganz anders. Er beherrschte und dominierte die Szene immer. Er war ein sehr selbstbewusster Mann, ein anerkannter Künstler, Politiker und Revolutionär.

Dem gegenüber wirkte Roberto wie ein großes Kind, was sich über jede Zuneigung freute, daran gewöhnt ist, brav zu sein, aber auch seinen Willen und Trotz auslebt. Er bezeichnete das als Rebellieren und sich selbst gern als Rebellen. Das traf wahrscheinlich zu auf seinen Ausbruch aus der politischen Aura seiner Oma und ihrem Einfluss.

In seinen Gemälden spürt man davon wenig. Da er selbst seine Kunst als »surrealistisch« bezeichnet, vermisst man bei ihm den vorwärts drängenden, anarchistischen Gehalt. Eine eigene emotionell anregende Grundideologie, wie sie in den Werken von Picasso, Dali, Juan Miro, Kadinski, Otto Dix oder den Mexikanern Orrosco, Riviera und Siqueros unschwer zu erkennen ist, haben seine Werke (noch?) nicht.

Ich habe mir alle Bilder angesehen und einige davon fotografiert. Vielleicht würde ich mir sogar eines davon in die Wohnung hängen. Eines, wo eine ausgewogene geschmackvolle Farbzusammenstellung und interessante Figurenverteilung gegeben ist. So wie es der Zeitgeist heute vorgibt.

Ob ich dann ein tatsächliches Kunstwerk besäße? Davon bin ich noch nicht überzeugt. Für mich sind solche Bilder eher fragwürdig und gewöhnungsbedürftig. Sie wirken wie kindisch-naive Malerei, erscheinen oberflächlich, laienhaft und haben kaum substanzielle Tiefe. Sie zeigen meist schroffe magische Landschaften aus Pyramiden, spitzen drohenden Vulkanen, Würfeln und Kreisen, es gibt unnatürliche Bergseen und bizarre Figuren, Gestalten, die die realitätsferne Fantasiewelt des Malers Roberto Yáñez zeigen. In seinen Visionen dominieren Dämonen, Gespenster, Satane und andere undefinierbare Kreaturen. Auf dieser Ebene erreicht er die zeitgenössische gesellschaftspolitische Realität. Die heutigen Politiker und ideologischen Vordenker aller Couleur sind allesamt der existenziellen gesellschaftlichen Realität entrückt und flüchten sich in die Hilfe

Im Mittelpunkt und doch nur Randfigur: Roberto Yáñez am 12. November 2013 bei der Ausstellungseröffnung

von Göttern, Geistern und Dämonen, drohen mit übernatürlichen außerirdischen Kräften und Potenzen und zeichnen eine eher düstere Zukunft der Menschheit auf diesem Planeten.

Das ist besonders im Angebot moderner »Kunst« aller Genres festzustellen.

Solche Werke wie Harry Potter, Herr der Ringe, Computerspiele in Scheinwelten, Kriege und Kämpfe mit Phantasiewaffen, Weltuntergangsszenarien und vieles mehr. Hier befindet sich Roberto Yáñez in der Tat im Widerspruch zu seiner Oma, die er als »Altkommunistin und damit klar politisch strukturiert« bezeichnete. »Sie lebt ihre gewohnte deutsche Ordnung. Bei ihr weiß man immer, woran man ist! Mein Leben mit ihr in ihrem Hause war interessant, ich habe viel von ihr gelernt. Ihre politische Haltung teile ich nicht. Heute ist eine andere Zeit. Wenn wir Dispute über unsere unterschiedlichen politischen Ansichten weglassen, sind wir eine ganz normale Familie.«

Irgendwie spürt man in einigen Werken daher auch die Suche und das Bedürfnis nach Ausgeglichenheit und Harmonie. Aber immer wieder stören bizarre Wesen und Gebilde diesen Drang. Sicherlich sind einige davon, noch im Gedächtnis haftende, nicht verarbeitete Rudimente, Traum- und Wahnwesen aus seiner Fluchtphase in die Drogen.

Es gab ja bekannte Maler, die im Wahn und in Anfällen von Schizophrenie ihre bedeutendsten Werke schufen (van Gogh und seine Selbstbildnisse etwa), davon leider selbst nicht profitierten, weil sie erst nach ihrem Tode einen beachtlichen Marktwert erlangten.

Es ist ganz normal, dass die Betreiber der Galerie Kornfeld auf dem Kunstmarkt ihre Geschäftsexistenz realisieren wollen. Das gelingt, wenn sie einen »Künstler« finden und präsentieren und gleichzeitig den bereits von ihm geschaffenen Fundus an Gemälden als »Kunstwerke« aufwerten und vermarkten. Daher wäre wünschenswert, wenn sich für einige Bilder auch Käufer fänden.

Vielleicht gibt es sogar einen Mäzen, der einige oder alle aufkauft, in der Hoffnung eine sichere Kapitalanlage zu besitzen. Als Sammlerobjekte könnten sie dann interessant werden. Ob sie aber später vor der Geschichte und vor Sachverständigen, als Kunst bestehen, das bleibt abzuwarten.

Ich persönlich wünschte Roberto, dass einige seiner Bilder verkauft würden, damit er wenigstens seine Ausgaben decken und von künftigen Einnahmen in Chile gut leben kann. Darüber würde sich auch seine Oma freuen. Und seinen politischen Irrsinn wahrscheinlich tolerieren.

Ich habe ihm zu seinem Auftritt und der Ausstellung gratuliert. Er versprach mich anzurufen, um mich vielleicht noch einmal zu treffen. Aber offensichtlich ist er doch schon mehr Chilene, die solche Versprechen recht großzügig handhaben. Vielleicht kommt er später doch noch mal nach Berlin, denn Exoten mit politischer Brisanz sind hier immer willkommen.

Dieses Buch widme ich allen Freunden Chiles, die sich aktiv für den Kampf gegen das Unrecht und für die Kräfte des Fortschritts in Chile, mit ganzer Kraft und hohem Risiko eingesetzt haben:
Prof. Dr. Eberhard Hackethal, Prof. Dr. Arnold Voigt und seine Ehefrau Gertrud, Konsul Horst Richel und seine Frau Sonja, Peter Wolf, Paul Ruschin, Dieter Liebert, Rudi Gittel, Horst Hampel, Günther Küpper und seine Frau Inge, Ulrich Kohls und seine Frau Doris, Jürgen Scheich, Herbert Fechner und die Monteure des Landmaschinenbaukombinats »Fortschritt«, Eberhard Simon und seine Frau Eva, Peter Stöhr und seine Frau Karin, Johannes Buchta und seine Frau Sigrid, die Besatzung des MS »Neubrandenburg«, die finnischen Diplomaten Tapani Brutherus und Ilka Jamalla, die rumänischen Diplomaten Vasile Macuvai und Dragomir Tanasse, die sowjetischen Freunde Eugenio Kosarew und Valentin Kuzmin, die tschechischen Freunde Stanislaw Burival und Mirko Veprek und ihren Ehefrauen.
Ich gedenke meiner chilenischen Freunde David, Maria-Teresa, Glen M., »Nano«, Wilma, Christina, Mercedes, Juan Carlos, Victoria und Jorge, Carla, Enrique und vieler anderer – all jener, denen die Freundschaft mit Chile und den chilenischen Freunden und Genossen, deren Kampf um eine gerechte Gesellschaftsordnung und die internationale Solidarität sehr am Herzen lagen.

Venceremos!